경북의 종가문화 11

보물은 오직 청백뿐,
안동 보백당 김계행 종가

경북의 종가문화 11

보물은 오직 청백뿐,
안동 보백당 김계행 종가

기획 | 경상북도 · 경북대학교 영남문화연구원
지은이 | 최은주
펴낸이 | 오정혜
펴낸곳 | 예문서원

편집 | 유미희
디자인 | 김세연
인쇄 및 제본 | (주) 상지사 P&B

초판 1쇄 | 2013년 1월 14일

주소 | 서울시 성북구 안암동 4가 41-10 건양빌딩 4층
출판등록 | 1993. 1. 7 제6-0130호
전화 | 925-5914 / 팩스 | 929-2285
홈페이지 | http://www.yemoon.com
이메일 | yemoonsw@empas.com

ISBN 978-89-7646-289-3 04980
ISBN 978-89-7646-288-6(전8권)
ⓒ 경상북도 2013 Printed in Seoul, Korea

값 15,000원

경북의 종가문화 11

보물은 오직 청백뿐,
안동 보백당 김계행 종가

최은주 지음

예문서원

지은이의 말

　　이 땅에서 종가의 사람으로 태어나 산다는 것은 어떤 의미일까? 한 걸음 떨어져 객관의 입장에서 그것은 이 시대의 우리가 지키고 보존해야 하는 아름다운 전통문화이지만, 그 안을 비집고 들어가 보면 보존과 계승의 책임에 눌린 사람들이 자긍심으로 버티는 희생적인 삶의 세계와 마주하게 된다. 종손의 사명감, 종부의 헌신이 있었기에 지금의 종가문화가 존재한다. 문중을 존재하게 하고 결속시키는 가장 큰 원동력은 훌륭한 선조의 혁혁한 공적에 있지만, 오랜 세월 사라지지 않도록 흩어지지 않도록 지탱하는 데에는 그 시절을 견뎌 온 종가 사람들의 힘이 컸다.

500년 전의 인물 보백당 김계행이 지금까지 기억되고 존경받는 것은 물론 그의 뛰어난 행적과 높은 인격 때문이다. 그러나 여기에 잊지 않고 더해야 할 것이 있다. 바로 보백당종가의 사람들이 대대손손 그의 유훈을 받들며 지켜 왔던 세월이다. 그 때문일까. 보백당이 남긴 '우리 집에 보물이란 없다. 있다면 오직 청백淸白뿐'(吾家無寶物, 寶物惟淸白), 이 유훈은 보백당종가가 지금까지 지켜 온 유무형의 모든 전통 자산에 스며들어 살아 숨 쉬고 있다. 그리고 소박하고 담백함은 보백당종가의 상징이자 고유한 문화적 특징으로 자리 잡았다. 우리가 알아야 할 그리고 물려주어야 할 '종가문화'의 정수가 바로 여기에 있다. 유형의 문화유산에만 머문 시선을 옮겨 그 속에 포개어진 정신적 가치를 재발견하고 창조적으로 계승하는 것, 전통문화의 보존을 부르짖는 지금 이 시대의 우리가 반드시 해야 할 일일 것이다.

지나온 과거 속에서 많은 사람들이 보백당을 추모하고 기억했다. 특히 지역의 명망 있는 사람들은 그의 행적이 멸실되지 않도록 글을 보태며 존경심을 드러내기도 했다. 덕분에 보백당은 오랜 역사의 시간 동안 그 위상을 잃지 않았고 지역사회의 표상으로 거듭날 수 있었다. 더불어 종가는 그에 부응하고자 대내외적인 노력을 아낌없이 쏟아부었다. 그렇게 보백당종가는 지금의 모습을 이루게 된 것이다. 보백당종가에 대해 책을 쓰면서 줄곧 느끼고 또 새삼 깨달았던 것은 빛나는 겉모습 속에는 누군가의 부단한 노력이 숨어 있다는 점이었다. 아마도 이것은 꼭 종가에만 국한되는 것은 아닐 것이다.

　종가문화를 그중에서도 보백당 김계행 종가를 알리기 위해 시작한 집필이었다. 그 목적을 잘 이루었는지 자신은 할 수 없지만, 적어도 필자에게는 보백당종가의 과거와 현재를 오가며 골몰했던 것이 더없는 경험으로 남을 듯하다. 이 책이 나오기까지 도움을 주신 많은 분들에게 감사의 말을 드리고 싶다. 특히 부족한 사람을 믿고 집필의 기회를 준 영남문화연구원 경북종가문화연구팀과 출판을 맡아 마지막까지 애쓴 예문서원에 다시 한 번 감사의 마음을 전한다.

　　　　　　　　　　　　　　2012년 10월의 마지막 날에
　　　　　　　　　　　　　　최은주

차례

지은이의 말 _ 5

제1장 보백당종가, 뿌리를 내리다 _ 10
    1. 소산에서 묵계로 _ 12
    2. 묵계종택, 종가의 서막 _ 20
    3. 종택을 둘러싼 보백당의 자취 _ 26

제2장 보백당과 그 후손들 이야기 _ 34
    1. 보백당은 누구인가 _ 36
    2. 종가의 주인 종손의 계보 _ 44
    3. 보백당의 후예들 _ 54

제3장 옛 기록으로 과거와 소통하다 _ 70
    1. 보백당에 대한 기록, 『보백당선생실기』 _ 72
    2. 종가의 고서와 고문서 _ 84

제4장 묵계의 풍경, 공간의 미학 _ 94
    1. 세월을 견뎌 온 종택의 모습 _ 96
    2. 자연과 인공의 완벽한 융합, 만휴정 _ 103
    3. 묵계서원에 포개어진 시간의 기억 _ 114

제5장 보백당종가의 제례와 음식 _ 122
    1. 보백당 불천위 제사 _ 124
    2. 제사 음식, 격식보다 정성으로 _ 135

제6장 보백당종가의 미래를 그리며 _ 140
    1. 종손과의 대화, 종가문화의 미래를 엿보다 _ 142
    2. 보백당의 청백정신 이어받고 물려주고 _ 151

제1장 보백당종가, 뿌리를 내리다

1. 소산에서 묵계로

　　보백당종가는 현재 경상북도 안동시 길안면 묵계리에 위치해 있다. 보백당의 연보年譜에는 경진년庚辰年(1459) 그의 나이 30세 때 당시 거묵居默이라 불리던 지금의 묵계에 별장을 마련했다는 사실이 기록되어 있다. 당시 보백당은 별장을 지어 놓고 풍산豊山 소산素山의 집에서 잠깐씩 왕래하며 묵계默溪의 아름다운 경치를 즐기고자 하였는데, 결국 만년에 그곳에 정착하였다.

　　거묵동居默洞(지금의 묵계)은 안동부安東府 길안吉安에 있다. 산림이 우거지고 자연경관이 빼어나서 선생은 항상 왕래하는 길에 이곳에 머무르며 경치를 즐기고 감상하였다. 이에 별서別墅

를 마련하여 늘그막의 휴식처로 삼았다.

「보백당연보」 중에서

보백당은 젊었을 때부터 묵계의 경치를 마음에 담아 두고 있었으며, 그곳에서 자신의 노년을 보낼 생각이었던 것 같다. 하지만 만년에 묵계에 완전하게 정착하기 전까지는 관직생활과 귀향을 오가며 부친이 자리 잡았던 안동 풍산의 구가舊家에서 주로 생활하였다. 이러한 보백당의 인생을 생각해 볼 때, 보백당종가가 묵계에 입지하게 된 배경을 살펴보기 위해서는 보백당을 있게 한 그의 선조들은 누구이며 그들은 어디에서 생활하였는지 그 전사前史를 먼저 들여다보는 것이 순서일 것이다. 아마도 그 안에서 보백당이 어떤 인생 경로를 거쳐 마지막에 묵계에 정착하였는지, 당시의 현실과 자연스럽게 마주할 수 있으리라.

보백당寶白堂 김계행金係行(1431~1517)의 관향은 안동安東으로, 고려 태조太祖 때 공신 김선평金宣平(901~?)을 시조로 한다. 김은열金殷說(신라 敬順王의 四子)의 둘째 아들 김숙승金叔承을 시조로 하는 안동김씨 계열과 구분하기 위해 이들을 세칭 신新 안동김씨 또는 후後 안동김씨라고 한다. 보백당은 시조 김선평의 9대손 김삼근金三近(?~1465)의 둘째 아들로 태어났다. 이들의 가계도를 그려 보면 다음과 같다.

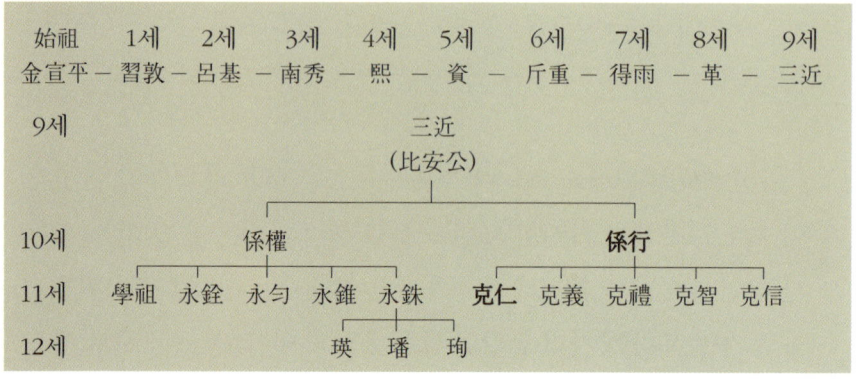

안동김씨는 처음 얼마동안 안동부 남쪽의 귀래정歸來亭 부근에 세거했었다고 한다. 그러다가 7세 김득우에 와서 안동부 풍산현豊山縣 남쪽에 위치한 불정촌佛頂村에 옮겨 살기 시작했으며, 9세 김삼근 즉 보백당의 부친에 이르러서는 동현同縣 내 소산(당시 金山村)으로 옮겨 다시 터를 잡았다. 김삼근이 소산으로 입향한 시기에 대해서는 정확하게 알려져 있지 않지만, 대체로 보백당이 출생한 이후로 추정하고 있다. 보백당이 1431년(세종 13) 불정촌에서 태어났으며 30세 때 묵계에 별장을 지어 놓고 소산의 옛집에서 자주 왕래했다는 사실로 볼 때, 아마도 이 사이의 시기가 아니었던가 싶다.

소산의 원래 지명은 금산촌이었다. 1608년(선조 41)에 편찬된 안동읍지 『영가지永嘉誌』에도 금산촌으로 기록되어 있으며, "풍

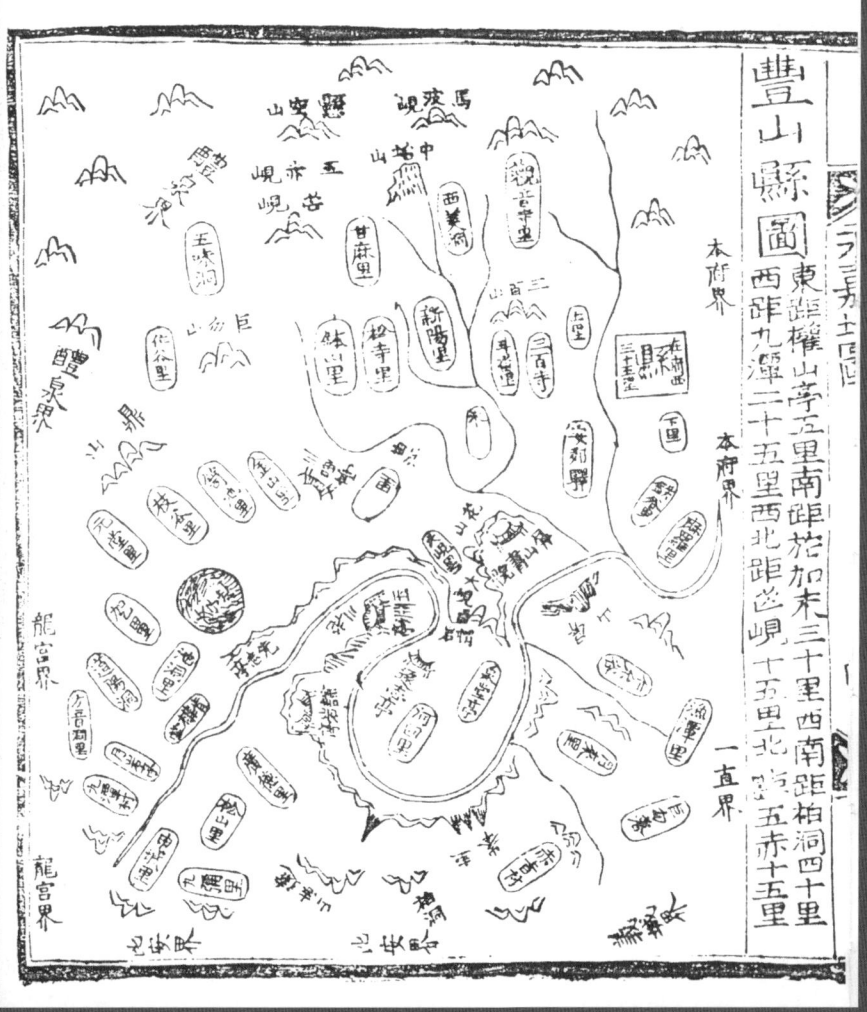

풍산현 지도(『영가지』 소재)

산현의 서쪽 5리에 위치하며, 남쪽을 향해 큰 들이 있고 땅이 비옥하여 온갖 곡식이 잘 된다"라고 소개하고 있다. 금산촌이 소산으로 바뀌게 된 것은 1636년(인조 14) 병자호란 당시 청음淸陰 김상헌金尙憲(1570~1652)이 낙향하여 청원루淸遠樓에 은거할 때부터였다. 김상헌이 김씨가 사는 마을을 금산촌이라 부르는 것에 대해 '화려하고 사치스러운 이름이라 합당하지 않다'고 여기고, '검소하고 신의를 소중히 하는 마을 이름이 좋겠다'면서 소산素山으로 지명을 바꾸었기 때문이다. 김삼근이 이 마을에 입향한 이래 신 안동김씨 문중의 세거지임을 뜻하던 금산촌이라는 지명이 사라지고 그 자리를 소산이라는 이름이 대신하게 되는 순간이었다. 김상헌은 보백당의 형인 김계권金係權(?~1458)의 후손으로, 후손들이 가장 번성했다고 알려진 김계권의 다섯째 아들 김영수金永銖(1446~1502)의 고손자高孫子이다. 지금 소산에는 김삼근이 지은 비안공구택을 비롯해 그의 맏아들 계권의 후손들과 관련한 다양한 문화재들이 남아 있어, 오랜 세월 그들이 남긴 자취를 뚜렷하게 볼 수 있다.

　　잘 알려져 있다시피, 계권이 한성부판관을 지낼 때 서울 장동에서 생활했기 때문에, 계권의 후손들은 그곳에 터전을 잡고 안동김씨 장동파로서 가문의 세력을 구축하고 그 위상을 널리 떨치게 된다. 당시 계권의 다섯 아들 중 3명(영전, 영추, 영수)이 그곳에서 과거에 합격, 경직京職에 진출함에 따라 점차 장동의 터전에 정착하게 되었고, 이 중 영수의 아들 영瑛과 번璠이 나란히 문과에 급제하여 벼슬을 지내면서부터는 장동에 확고한 기반을 닦게 되었다. 이후 시대를 내려오며 자손들이 꾸준히 번성하게 되는데, 일부(주로 영의 후손들)는 조상의 터전인 고향 소산을 지키며 오늘의 소산이 있게 하였고, 일부(주로 번의 후손들)는 서울 지역에 깊이 뿌리내리며 또 다른 터전을 다졌다. 소산마을에 신 안동김씨 문중의 역사는 이렇게 쌓여 왔다.

거슬러 올라가면 보백당은 소산의 입향조인 부친과 함께 그곳에 문중 역사의 초석을 다진 인물이다. 서울에서 관직생활을 하며 또 다른 생활 터전을 잡았던 형과 달리, 여러 차례 중앙관직을 지냈음에도 불구하고 늘 향리로 다시 돌아와 집안 대소사를 직접 관장하며 세심하게 돌보았기 때문이다. 그의 이러한 노력 덕분에 소산마을이 긴 세월 안동김씨의 세거지로 우뚝할 수 있었을지도 모르겠다. 밀암密庵 이재李栽(1657~1730)가 쓴 보백당의 행장에 보면 부친 비안공이 어린 보백당의 재주를 사랑하고 기특하게 여기며 "이 아이는 훗날 반드시 우리 가문을 지탱할 것이다"라고 칭찬한 기록이 있다. 어린 시절의 의례적 일화에 불과할 수도 있지만, 보백당의 일생과 오버랩되며 생생한 장면으로 부각되는 느낌이다. 또 연보에 보백당이 임종 시에 형의 손자 삼당공三塘公 영을 자신의 자질들과 함께 불러 앉혀 '청백淸白을 집안 대대로 전하고 공경하고 삼감을 대대로 지키며 효성과 우애로 화목하게 하라'는 가명家名을 준수토록 훈계한 일이 기록되어 있으니, 문중의 유지와 번영 차원에서 그가 소산의 후손들에게 끼친 근본적 영향을 가늠해 볼 수 있다.

비안공이 보백당 출생 이후 소산에 입향하면서 건축한 집은 지금 큰종가로서 비안공구택의 모습으로 남아 있다. 계권의 장자였던 학조가 13세 때 불가에 출가하여 자손이 없었기 때문에, 계권의 둘째 아들 영전永銓(1439~1522)이 종손의 계보를 이으며 그 직계 자손들이 집을 대대로 지켜 왔다. 집 정면에는 '돈소당敦素堂'이라는 현판이 걸려 있다. 이는 김삼근의 11대손이자 영전의 9대손인 언행彥行의 호로서, 당시 언행이 자신의 호로 집의 이름을 삼은 것이다. 이 집은 오랜 세월 동안 중건과 개수를 거치며 점차 처음의 모습을 잃고 규모가 줄어들었는데, 특히 35년 전쯤 마지막 개축 때 형편상 원형을 유지 복원하지 못한 채 상당히 축소하여 중수했다고 한다. 이 외에도 소산에는 안동김씨종택, 삼귀정三龜亭, 청원루淸遠樓 등의 건물이 남아 안동김씨가 세거해 온 세월의 흔적을 짐작케 한다. 안동김씨종택은 영전의 동생 양소당養素堂 영수가 건립한 것인데 그 종가로서 현재까지 유지되어 오고 있고 삼귀정은 영전이 동생 영추·영수와 함께 88세 노모인 예천권씨를 즐겁게 하려는 뜻에서 건립한 것이며, 청원루는 영수의 아들 번이 고향에서 만년을 보내기 위해 건립한 것으로 이후 그의 4대손 김상헌이 병자호란 때 중건하면서 청나라를 멀리한다는 의미로 청원루라 이름을 붙였다.

　　오랜 시간이 지나면서 비안공의 자손들은 점차 분파 확대되었고, 또 세거 지역도 소산을 벗어나 다양해져 갔다. 그러나 그들은 문중 역사의 기원을 거슬러 탐색할 땐 보백당 선조를 잊지 않았다. 분파되는 과정에서 새로운 세력과 위상을 구축한 갈래가 형성되기도 하고 다시 그 갈래에서 수많은 지파들이 뻗어 나갔으나, 그 속에서도 그들은 자랑스러운 조상의 표상으로 보백당을 추억하였고 그 우뚝했던 자취를 세상에 드러내어 기리려는 노력을 멈추지 않았다. 그 예로 노론과 세도정치의 핵심 세력으로서 오랫동안 집권했던 안동김씨 장동파 후손들이 보백당의 방후손을 자처하며 그의 추모사업에 적극적이었던 것을 들 수 있다.

2. 묵계종택, 종가의 서막

안동에서 영천 방면 국도를 따라 길안면 소재지를 조금 지나면 묵계 1리가 나온다. 그 도로변에서 안쪽으로 조금 들어간 위치에 바로 보백당 김계행 종가가 자리 잡고 있다. 묵계종택이라 불리며 현재 경상북도 민속자료 19호로 지정되어 있다. 도로변에서 낮게 경사진 길을 따라 30미터 정도 올라가면 종택의 솟을대문이 나온다. 대문을 마주하고 왼쪽으로 눈길을 돌리면 수령이 200년쯤 된 커다란 상수리나무가 가지를 낮게 드리운 채 하늘을 향해 곧게 서 있는데, 이 나무도 종택 역사의 한 부분을 차지하고 있는 셈이다. 종택의 사람들이 나고 죽는 동안 나무는 변함없이 서 있었으리라. 묻히고 사라진 시간들을 나무는 묵묵히 함

묵계종택으로 들어가는 길

께해 왔던 것이다.

　보백당이 묵계에 정착하여 뿌리를 내린 것은 그의 일생에서 거의 말년에 가까운 시점이었다. 연보를 토대로 그 과정을 추적해 보면 상세하진 않아도 대략의 상황을 그려 볼 수 있다. 다음은 연보에서 관련 기록만을 추출 정리한 것이다.

　　○ 을미년乙未年(1475, 성종 6) 선생이 45세 때 아들 극인克仁으로 하여금 먼저 거묵촌居默村(지금의 묵계)에 살게 하였다. ○ 병신년丙申年(1476, 성종 7) 선생이 46세 때, 이해 7월 충주교수忠州敎授의 임기를 마치고 거묵촌으로 갔다가 풍산 사제笥堤의 예전 거처하던 곳으로 다시 돌아왔다. ○ 계축년癸丑年(1493,

성종 24) 선생이 63세 때 고향으로 돌아와 피실(稷谷)의 선영先塋에 성묘하고, 이때부터 풍산과 거묵촌 사이를 왕래하며 한가로운 나날들을 만족하며 지냈다. ○ 병진년丙辰年(1496, 연산군 2) 선생이 66세 때 특별히 대사간에 제수되어 사직상소를 올렸으나 윤허하지 않아 부득이 부임했다. ○ 정사년丁巳年(1497, 연산군 3) 선생이 67세 때 정사의 그릇됨을 지적하여 상소를 올렸지만 회답이 없어 곧장 사직하고 고향으로 돌아왔다. ○ 신유년辛酉年(1501, 연산군 7) 선생이 71세 때, 이해 3월 거묵촌의 별장에서 살기 시작하였다. 선생은 일찍이 송암동松巖洞 폭포 위에 정자를 짓고 '만휴정晚休亭'이라 이름을 붙였었는데, 아마도 늘그막에 휴식한다는 뜻을 취한 것이리라.

「보백당연보」중에서

    보백당은 1446년(세종 28) 16세 때 이천서씨利川徐氏를 부인으로 맞아들였으나 서씨는 두 딸을 낳고 7년 뒤에 타계한다. 보백당은 이듬해 1454년(단종 2) 25세 때 두 번째로 맞아들인 의령남씨宜寧南氏에게서 다섯 아들을 두었는데, 그중 맏아들이 곧 극인克仁이었다. 극인은 1455년(세조 2) 혼인한 지 1년 만에 태어났다. 연보의 기록대로라면 보백당은 아들 극인이 21세 때 거묵촌, 즉 지금의 묵계에 별도로 마련했던 거처에서 살게 한 것이니, 이때부터 본격적으로 묵계의 터전을 닦았다고 볼 수 있을 것이다. 그러나 보백당은 여전히 풍산의 집에 주로 머물렀다. 극인을 그곳에서 살도록 한 다음 해 충주향교 교수 임기를 마치고 돌아오면서 잠깐 들렀을 뿐, 다시 풍산으로 돌아왔기 때문이다. 이후 보백당은 50세의 나이로 과거에 급제하여 사헌부감찰에 제수되었다가 고령현감으로 2년 정도 부임한다. 그리고 나서는 조정의 부름에 대부분 나아가지 않았으며 부득이 환조하더라도 얼마 있지 않아 사직하고 다시 내려오기를 거듭하였다. 결국 67세 때 고향으로 아주 돌아왔으며, 풍산과 묵계를 왕래하면서 한가로운 날들을 보내다가 4년 후 71세 때 묵계에서 살기 시작했던 것이다. 보백당은 묵계에 정착하여 이곳에서 16여 년을 살다가 1517년(중종 12) 87세의 나이로 생을 마감하였다. 그러나 보백당종가의 역사는 막 시작되고 있었다.

보백당이 묵계에 정착한 후 그 종손들이 계속해서 묵계에 거주했던 것은 아닌 것으로 보인다. 언제쯤인지 자세히 알 수는 없지만 보백당 사후 어느 대에서 종가는 곡란리谷蘭里(지금 고란리)로 옮겨 간 것 같다. 지금 묵계에 위치한 종가는 15대 종손 난포蘭圃 김학규金學圭(1852~1922)가 곡란리에서 다시 옮겨 온 것이다. 김학규는 곡란리의 집에서 태어났다. 류연즙柳淵楫(1853~1933)이 쓴 난포의 행장에 보면, 어느 날 묵계서원 원장이 곡란리를 지나다 난포가 사는 집에 들렀는데 종가의 협소함을 보고는 난포에게 종가를 묵계로 옮길 것을 권유했다고 한다. 원장은 그 이유를 "그대는 명현의 종손으로 대를 이어왔는데 지금 종가의 위치는 매우 궁벽하니 묵계의 서원 곁으로 옮기는 것이 더 좋겠네. 옮기면서 문호를 조금 넓히면 그 선사先祠를 추존하고 보위함과 빈객들을 응접하는 것 둘 다 편안할 수 있을 것일세"라고 설명하였다. 이후 김학규는 문중의 의론을 모아 종가를 묵계의 선항으로 이건할 계획을 세우고 마침내 실행에 옮겼던 것이다. 지금 위치의 종가 모습은 바로 이때 만들어졌다. 그러나 안타깝게도 그 뒤 6·25전란 때 사당과 별채 보백당만 남고 본채는 불타 버렸다고 한다. 본채는 이후 다시 지어졌다. 묵계에서 고란리로 다시 묵계로, 종가의 역사에 곡절이 있기는 했지만 보백당의 정신만큼은 변함없이 종손들과 함께 호흡해 왔다.

　지명유래에 따르면 묵계는 원래 '거무역居無驛' 또는 '거묵역居墨驛'이라고 불렸는데, 보백당이 마을에 은거하게 되면서 '묵촌默村'이라 하였다가 송암폭포 위에 만휴정을 짓고 그 앞에 시내가 잔잔하게 흐르는 것을 보고 묵계라 이름 했다고 한다. 보백당이 묵계에 입향한 이후 그 후손들이 대대로 이곳에 세거함에 따라 묵계는 신 안동김씨의 집성촌이 되었다. 현재 묵계리에 거주하는 80여 가구 가운데 40여 가구가 안동김씨이다. 이들은 묵계 1리 선항에 대부분 모여 살고 있다. 그리고 고란리에도 안동김씨가 집성해 거주하고 있는데 보백당의 후손이 입향시조로 알려져 있다.

안동지도(규장각 소장)

3. 종택을 둘러싼 보백당의 자취

　　종택에서 내려와 도로를 가로질러 건너편 마을로 들어서면 다리가 나오고, 그 다리를 건너 안으로 계속 걸어 들어가면 작은 산길 입구 앞에 서게 된다. 만휴정晩休亭으로 올라가는 길이다. 만휴정은 보백당이 1501년(연산군 7) 71세 때 송암폭포 위 암반에 세운 정자이다. 절벽으로 뚝 떨어지는 폭포 위로 만휴정의 지붕이 자연 속에 어우러져 있으니, 보고 있노라면 당시 보백당이 추구한 청빈했던 삶의 자취가 되살아나는 듯하다. 폭포계곡을 옆으로 끼고 올라가 만휴정 앞에 이르면 넓고 평평하게 펼쳐진 암반 위로 물이 흐르고 있음을 볼 수 있다. 그 물은 깎아지른 골짜기 아래로 물보라를 일으켜 세차게 떨어지며 폭포의 장관을 연출

한다. 그리고 그 옆 너럭바위에는 '보백당만휴정천석寶白堂晚休亭泉石' 여덟 자가 새겨져 있다.

송암폭포 위 만휴정

연산군 때 정사政事가 혼란하니 조정에 있기를 싫어해서 훌연히 관직을 버리고 고향으로 돌아왔다. 그러고 나서 송천松川 암반 위에 집을 짓고 '쌍청헌雙淸軒'이라고 불렀는데, 아마 물과 달이 맑다는 뜻을 취한 것이리라. 지금 만휴정이 그 옛터이다.
이보다 먼저 풍산 사제篩堤에 지은 보백당寶白堂은 실로 정사년丁巳年(1497)에 지은 것이다. 환향還鄉한 후 신유년辛酉年(1501)까지 시국時局이 날로 잘못되어 가는 것을 계속 보시다가 산이 더 깊지 못함을 오히려 걱정하였다. 송암의 폭포를 즐기러 간 것에는 바로 이러한 뜻이 있었을 따름이니, 어찌 다만 경물景物의 완상만을 위해서였겠는가?

김양근의 「만휴정중수기」 중에서

동야東埜 김양근金養根(1734~1799)이 지은 「만휴정중수기晩休亭重修記」에 나오는 기록이다. 이 글에 의하면 만휴정은 보백당이 세상을 뜬 후 몇백 년 동안 황폐화되어 자손들이 이를 안타깝게 여겼다고 한다. 그러던 중 후손 승영이 중수重修의 의지를 갖고 복구의 일을 추진하였으나 삼대가 지나도록 이루지 못하다가 김양근 당시에 와서 건물을 복구하고 일신一新했다는 것이다. 기문에는 이때를 경술년庚戌年 모월 모일이라고 밝혔으니, 지은이 김양근의 시대와 맞추어 보면 곧 1790년(정조 14)이 된다. 김양근은 보백당의 형 판관공 계권의 손자 삼당공 영의 11대손이다. 앞서 이야기했지만 주로 삼당공의 자손들이 대대로 소산을 지키며 세거해 왔다. 기문 첫머리에서 그 관계를 직접적으로 거론하며 '선생은 우리 선조 판관공의 뛰어난 동생으로 일찍이 묵계의 천석泉石을 사랑하여 별장을 짓고 왕래하며 시를 읊고 감상하는 것으로 만년의 계획을 삼았다'고 하였다.

김양근은 중수기를 쓰면서 보백당이 만휴정을 짓고 그곳에 은거하게 된 배경을 설명해 준다. 혼란한 정사를 피해 고향으로 돌아온 보백당은 만휴정을 건립하기에 앞서 풍산 사제의 집 곁에 작은 정자를 짓고 보백당이라 명명했었다. 김양근은 기문에서 보백당 정자 건립 시기를 1497년으로 기록하였는데, 김중청金中淸이 쓴 연보에는 이듬해인 1498년의 일로 기록되어 있다. 보백당이 1497년에 환향하였으니, 여하튼 그 직후였던 것이 분명해 보인다. 그는 이 정자에서 71세가 되던 1501년까지 조용히 거처하면서 성현의 학문을 깊이 연구하고 후생들을 가르치는 데 힘을 쏟았다. 그리고 간간이 맏아들이 거주하던 묵계의 별장을 오가며 그 산수자연 속에서 유유자적하였다. 그러나 그 사이 정사가 더욱 혼란스러워지자 보백당 정자의 위치가 깊숙하지 못해 세속에서 벗어날 수 없음을 근심하여 결국 묵계로 거처를 완전히 옮겨 산 깊은 골짜기에 만휴정을 짓게 되었던 것이다. 이후에는 이곳에서 독서와 사색으로 많은 시간을 보냈다. 김양근이 하고 싶은 이야기는 보백당이 묵계의 풍광에 심취하여 젊은 날부터 오가며 그곳의 산수를 사랑했던 것은 맞지만 만년에 그가 묵계에 들어가 만휴정을 짓고 살았던 것이 비단 그 이유만은 아니었다는 것이다.

만휴정의 위치는 절묘하다. 깊숙한 듯하나 마을에서 멀지 않은, 그러면서도 외부와 적절하게 차단된 공간이 마치 보백당의 심정을 대변하고 있는 것 같다. 종택에서 만휴정까지는 약 730미터 정도의 거리이다.

묵계 1리 도로변에서 선항리마을은 두 갈래로 갈라져 각각 둔덕을 이루는데, 마주섰을 때 왼쪽 가까운 둔덕에 종택이 있고 오른쪽 둔덕 위로 100미터쯤 들어간 곳에 묵계서원이 있다. 1687년(숙종 13) 고을의 사림들이 응계凝溪 옥고玉沽(1382~1436)와 보백당 김계행 두 현인을 받들어 모시자는 논의를 처음 시작했다. 이후

일련의 과정과 절차를 거쳐 1705년(숙종 31) 서당을 완성하고 다음 해에 위패를 봉안하였다. 류극화柳克和가 쓴 「묵계서원창건기默溪書院刱建記」에는 서원의 건립 배경이 상세하게 기록되어 있는데, 글쓴이 류극화에 대해서는 정보가 정확하지 않다. 아래는 창건기를 통해 건립 경위를 시간 순서대로 구성해 본 것이다.

  1687년(丁卯, 숙종 13): 고을의 장로長老들이 두 현인을 받들어 모셔야 한다는 의론을 비로소 제기하여 호담壺潭 위에 향사享祀하는 장소를 창건하기로 하고, 옥세보玉世寶와 김중망金重望에게 그 일을 맡겨 주관하도록 하였다.
  1689년(己巳, 숙종 15): 사당 건립 추진에 착수하다.
  1701년(辛巳, 숙종 27): 7월에 사당 건립을 발의하는 통문을 향내 사림들에게 돌리다.
  1702년(壬午, 숙종 28): 사당의 당호를 논의하여 '묵계'로 결정하다.
  1705년(乙酉, 숙종 31): 4월에 사당을 완성하다.
  1706년(丙戌, 숙종 32): 위패봉안 날짜 및 절차를 정해 통지하다. 10월에 사당의 명호名號를 청덕사淸德祠로 하여 현판을 걸고, 서원의 이름을

'묵계서원默溪書院'으로 정하다.

1709년(己丑, 숙종 35): 3월 원장院長 김삼중金三重이 사림들을 모아 동서재와 누각을 세울 논의를 하고 누각의 상량문을 밀암 이재에게 부탁하다.

1712년(壬辰, 숙종 38): 동서재와 누각, 부엌, 문, 담장이 완공되다. 누각은 읍청루挹淸樓, 재齋는 극기재克己齋, 강당은 입교당立敎堂, 문은 진덕문進德門이라 이름 짓다.

　　응계와 보백당 두 현인을 모시는 사당 창건이 지역 사림들 사이에서 논의된 후, 일의 진행에 대한 책임을 옥세보와 김중망이 맡았다. 김중망은 보백당의 8대 종손이다. 1706년 마침내 서원의 모습이 갖추어지고 본격적 경영이 시작되었으니, 논의가 시작된 지 19년 만의 일이었다. 그리고 다시 6년, 읍청루·극기재·입교당·진덕문이 완공되어 제 모습을 완전하게 갖추게 된다. 이후 1870년(고종 7) 서원철폐령으로 훼철되었으나, 1895년(고종 32)에 몇몇 인사들이 수간數間의 건물을 짓고 중건하였으며, 1998년 지금의 모습으로 복원되었다. 몇 번의 중수에 의해 많은 변형이 있었지만, 건립 당시 부자재가 많이 남아 있어 자료적 가치가 크다고 한다. 묵계서원 또한 종택과 함께 경상북도 민속자

현재 묵계 선항리마을의 종택과 서원 그리고 만휴정의 위치

료 19호로 지정되어 있다.

서원에 함께 제향된 옥고에 대해 잠시 살펴보면, 본관은 의령宜寧, 자는 대수待叟, 호는 응계凝溪이다. 야은冶隱 길재吉再(1353~1419)의 문인으로서 20세가 되기 전에 과거에 급제하여 태종·세종 때 벼슬하였다. 응계 또한 청백리로서 명성과 신망이 높았던 인물이다. 특히 안동부통판安東府通判이 되어 수령으로서 치화治化의 공을 인정받았다. 보백당보다 50여 년 앞서 살았다. 두 인물 모두 청백을 중시한 점이 공통적이며, 저작들이 대부분 산실되고 남아 있지 않은 점도 하필 닮아 있다. 그들의 학문과 공적에 대한 유명한 일화들이 일부 기록에 남아 전해져 오기는 하나, 아쉬운 것은 사실이다.

안동 길안 묵계마을에 보백당의 자취는 이렇게 유무형으로 완성되었다. 오랜 세월만큼 시운에 따라 많은 변화를 겪었지만, 보백당의 정신이 묵묵히 세월과 함께 흘러오며 지금의 모습으로 남아 있는 것이다. 우리가 보는 것은 유형의 건물에 제한되지만, 그 안에는 보백당의 정신과 그가 남긴 유훈을 지키고자 노력해 온 사람들의 열정이 그대로 녹아 있다. 아마도 이것이 종가문화의 저력이 아니겠는가. 훌륭한 선조와 가문에 대한 자부심으로 결속하여 유지와 선양에 대한 책임과 의무를 희생적으로 이행하는, 이로 인해 우리 전통문화와 정신적 유산이 대대로 계승되어 현재까지 이르는 것이다.

제2장 보백당과 그 후손들 이야기

1. 보백당은 누구인가

　　보백당은 충직과 청빈의 표상으로 오래도록 기억되어 왔다. 그러나 아쉽게도 그의 저작들이 대부분 산실되고 전해지는 것이 거의 없어, 그의 학문세계와 정신사상을 상세하게 파악하기가 어려운 것이 지금의 상황이다. 보백당의 행장行狀에도 이러한 현실을 안타까워하는 기록이 있는데, "공이 이룩해 세운 바에 진실로 완악한 자를 청렴하게 하고 나약한 자를 자립하게 하신 풍모가 있으신데, 기술하신 문자가 이처럼 초초草草하니 어찌 사문斯文의 한 가지 흠이 되는 일이 아니겠는가"라고 한 것이다. 그럼에도 불구하고 보백당을 추숭하고 흠모하는 많은 문인들이 세대를 거듭하는 동안 그의 뛰어난 행적을 기억하고 또 기록으로 전해 왔기에 그나마 그의 자취와 흔적이 멸실되지 않고 세상에 드러나 각인될 수 있었다.

> 지난번 나는 서애西厓 류성룡柳成龍 선생이 쓴 「영모록永慕錄」에서 그의 외선조外先祖인 보백당 김공의 사적이 자못 상세하게 기록된 것을 보았다. 이에 김공이 성종조成宗朝의 명신으로 그 충직하고 강정剛正함이 진실로 옛날의 이른바 성현의 유풍을 지키는 강직한 사람들에게 조금도 부끄럽지 않음을 알았다. 비록 시대가 이미 멀어졌지만 묘도문자墓道文字 하나 없으니, 오직 이 기록 하나만이 먼 훗날까지 공의 훌륭함을 영원토록 빛내줄 수 있을 것이다.
> 이보가 쓴 보백당의 「유사」 중에서

이보李簠(1629~1710)가 쓴 보백당 유사遺事의 첫머리이다. 이보가 유사를 짓게 된 경위에 대해서는 이 뒤에 그 사정이 대략 언급되어 있다. 당시 보백당의 8대 종손 김중망金重望이 묵계서원 건립을 추진하던 과정 중에 서애가 쓴 「영모록」과 구전苟全 김중청金中淸(1567~1629)이 쓴 연보를 가지고 이보에게 가서 보백당의 유사를 부탁했던 것이다. 이보는 김중청이 쓴 연보를 토대로 보백당의 생졸연월과 출처시종을 밝혀 그의 생전 사적에 대한 고거考據로 삼는다고 하였다. 이보가 유사를 쓴 해는 1706년 병술년이었으니, 보백당이 세상을 떠난 지 200년이 다 되어갈 무렵이었다. 그의 직접적인 기록이 남아 있지 않아 아쉬움이 크지만, 다행히도 서애와 구전에 의해 그의 생전 사적이 전해질 수 있었고 더불어 이에 그치지 않고 그를 추모하는 후학들에 의해 새로운 기록들이 지어져 그의 산 명예가 입증되고 보다 널리 알려지게 되었다. 이보의 유사에 이어 1729년(영조 5)에 이재李栽(1657~1730)가 연보를 바루면서 유사에 의거하여 보백당의 행장을 저술하였고, 1732년(영조8)에 눌은訥隱 이광정李光庭(1674~1756)이 묘갈명을 저술하였다.

 이러한 기록들에 의지하여 보백당의 행적에 가까이 다가가 보면, 그의 성품과 학문의 깊이를 단적으로 보여 주는 유명한 일화들을 만나게 된다. 그중 하나가 곧 장조카 학조學祖와 있었던 일인데, 이 일화만으로도 보백당의 곧은 성품과 강직한 기개가 어느 정도였는지 충분히 짐작할 수 있다.

 학조가 출가하여 중이 되고 임금의 총애를 받아 국사國師로서 위세를 한창 꽃피울 때였다. 당시 보백당은 33세의 나이로 성주교수星州敎授를 역임하고 있었다. 어느 날 학조가 어떤 일 때문에 성주목星州牧에 이르게 되었기에, 보백당이 있는 향교로 가 숙부를 뵈려고 하였다. 그러자 성주목사가 학조를 만류하며 이르길, "화상和尙께서 군이 수고롭게 가실 필요가 있겠습니까? 제가 교수가 오도록 청하겠습니다"라고 하였다. 그러고 나서 사람을 보내 보백당을 맞이하려 하였는데, 보백당이 병으로 사양하고 가지 않으니 학조가 부득이 가서 알현하였다. 그러자 보백당이 노하여 말하길, "너는 왕의 은혜만 믿고 교만하고 방자하게 행동하며 숙부를 찾아와 보지 않은 채 도리어 나로 하여금 너를 알현하게 하느냐"라고 하며 피가 날 정도로 호되게 매질하며 꾸짖었다. 이러한 일이 있은 후 얼마 뒤 학조가 눈치를 살펴 겨를을 틈타 숙부에게 청하기를, "숙부님께서 오래도록 과거급제에 곤란을 겪으시며 고생하시니, 만일 벼슬하실 뜻만 있으시다면 제가 힘써 보겠습니다"라고 하였다. 보백당이 이 말을 듣고 또 대노하여 꾸짖기를, "내가 너를 통해 벼슬을 얻으면 무슨 면목으로 사람들을 보겠느냐"라고 하였다. 학조가 부끄러워하며 이 말을 감히 다시 꺼내지 못했다.

이 일화는 후인들에게 회자되며 위세에 타협하거나 굴하지 않는 강직의 귀감으로 작용하였다. 우리는 단절된 시공간 속 이름난 인물의 훌륭한 행적으로 기억하며 그저 무의식적으로 당연하게 받아들이지만, 사실 이것은 얼마나 어려운 일인가. 선을 긋지 않고 스스로를 던져 그 상황을 조금이라도 적극적으로 느끼고 이해해 본다면, 혼잡한 세상살이의 올바른 길을 어렴풋이 알게 될지도 모를 일이다. 학조는 보백당의 형 김계권의 맏아들이다. 풍산 소산에서 태어났으며, 세조世祖대에 신미信眉, 학열學悅 등과 함께 선종을 대표하는 불승으로 세조의 두터운 신임을 받았다. 당시의 여러 고승들과 함께 많은 불경을 번역하여 간행하였다. 알려진 행적을 살펴보건대, 1464년(세조 10) 속리산 복천암福泉庵에서 세조를 모시고 대법회를 열었고, 1467년(세조 13) 왕명으로 금강산 유점사楡岾寺를 중창하였다. 또 1488년(성종 19) 인수대비仁粹大妃의 명으로 해인사를 중수하고 대장경판당大藏經版堂을 중창하였다. 학조는 학덕이 뛰어난 고승이었으며, '웅문거필雄文巨筆의 문호文豪' 라는 칭송을 받았다고 한다. 이재는 보백당의 행장에서 이 일화를 기록하며 선생이 조금만 마음이 있었더라도 일찍이 쉽게 벼슬에 진출하여 고위관직을 두루 역임했을 것이라고 언급하였다. 그러나 그가 택한 것은 양심과 강직을 지키는 길이었다. 결국 50세가 되어서야 과거에 급제하여 벼슬길에 나아갈 수 있었다.

　예견된 일이었을지도 모르겠다. 벼슬길에 나아갔지만 이러한 강직한 성품 때문에 그의 관직생활이 녹록치 않았기 때문이다. 정사에 대한 직언을 서슴지 않아 조정에 용납되지 못했으며, 더불어 보백당 스스로도 날로 혼탁해지는 정사에 회의를 느껴 관직에 임명되어도 사직상소를 올리며 조정에 나가는 것을 좋아하지 않았다. 서애가 쓴 「영모록」에는 순탄하지 않았던 그의 관직생활이 짧지만 강렬하게 기록되어 있다.

> 과거에 급제하니 50의 지긋한 나이로 육품직에 올랐다. 신축년(1481)에 사헌부감찰司憲府監察이 되어 정사를 논하다가 조정에 용납되지 못하고 외직인 고령현감으로 나갔다. 연산군燕山君 때 공은 다시 사간원 대사간에 임명되어 내폐內嬖들이 왕의 총애만 믿고 폐해를 끼치는 것에 대해 극구 간언하였으나 받아들여지지 않았다. 그리하여 공은 정사를 구제하기가 어려움을 깨닫고 병을 칭탁하여 고향으로 돌아왔다. 연산군이 지난 일로 의금부에 잡아 가두어 추국함이 세 번이었으나 마침내는 다행히도 화를 모면하였다.
>
> 　　　　　　　　　　　　　류성룡이 쓴 「영모록」 중에서

그가 벼슬을 버리고 고향으로 아주 돌아왔던 것이 67세 때의 일이었으니, 겨우 17년 동안의 관직생활이었다. 이마저도 이미 언급했듯이 도중에 사직상소를 제출하고 돌아오는 일이 적지 않았고, 또 그가 59세 때는 모부인母夫人의 상喪을 당해 탈상 때까지 시묘살이를 하였으므로, 정작 관직에 있는 기간은 그리 길지 않았다. 상중에도 조정에서는 사정을 알지 못하고 헌납獻納에 임명하였으니, 보백당에 대한 조정의 인정이 어땠는지는 어렵지 않게 상상해 볼 수 있다. 보백당은 모부인의 상을 당해 많은 나이에도

불구하고 상례가 끝날 때까지 정성과 혼심을 다하는 모습을 보였다. 여기에서 그의 지극한 효심으로 포커스를 옮겨가 보자. 보백당의 부친 비안공이 병환 중일 때였다.

1464년(세조10) 보백당의 셋째 아들 극례가 태어난 해, 이해 섣달에 부친 비안공은 병환에 들게 되었다. 보백당 나이 34세였다. 보백당은 비안공을 극진히 간호하였다. 의관衣冠을 흩뜨리지 않고 반드시 직접 약을 달여 올리면서 밤에도 눈 한번 붙이지 못한 채 부친 곁을 지킨 지 여러 달, 그러나 조금도 흐트러진 자세를 보이지 않았다. 이듬해 8월 비안공이 마침내 세상을 뜨자, 예천 피실(稷谷)에 장사 지냈다. 장사를 지내기 전부터 보백당은 아침저녁으로 죽만 먹었는데, 기년期年이 되도록 채소와 과일조차 입에 대지 않았다. 점차 몸이 쇠약해져 목숨을 부지하기 어려울 지경까지에 이르렀음에도, 보백당은 무덤 곁 여막廬幕을 지키며 예서禮書만을 읽으면서 상사喪事가 아니면 말하지 않았다. 날마다 슬픔으로 묘소를 보살폈는데, 비가 오나 눈이 내리나 심한 추위와 더위에도 1467년 10월 탈상 때까지 단 한 번 폐한 날이 없었다.

보백당의 효심은 늙어서도 변함이 없었다. 자신이 80세가 되던 해 2월 청명일淸明日에 예천 피실의 묘소로 성묘를 떠났는데, 당시 그의 자질들이 보백당의 노쇠함을 걱정하여 혹 무리가 될까 극구 말렸으나 끝내 감행하기도 했다.

　후인들의 기록에 따라 보백당의 생전 행적을 더듬어 가다 보면 독실한 효성, 강직한 기개와 결단력, 서슴없는 충간으로 완성된 그의 인격을 느낄 수 있다. 그리고 그에 따르는 삶의 질고를 그대로 받아들이는 초월적 정신까지……. 다만 안타까운 것은 그가 연마했던 학문의 세계를 자세히 조망해 볼 길이 없다는 사실이다. 그래도 파편적 기록을 토대로 조각을 맞추어 보면 그가 경학 연구에 매우 힘을 쏟았으며 일정한 성취가 있었음을 알 수 있다. 동시에 문학 공부도 소홀히 하지 않았던 것 같다. 과거응시에 대비한 초기 공부를 거쳐 청년기에는 생원시·생원회시·동당초시에 합격 후 성균관에서 학문을 연수하였으며, 이후 성주와 충주향교의 교수로 부임하여 지역 유생들을 훈도하면서 학문의 영역이 점차 넓어지고 깊어진 것으로 보인다. 그 도중 40대 중반 시절 당시 상주에 와 있던 점필재佔畢齋 김종직金宗直(1431~1492)과 교유하며 『주역周易』과 『근사록近思錄』을 함께 강론했던 일은 그의 학문 경향을 파악하는 데 있어 또한 주목할 만한 일화이다.

2. 종가의 주인 종손의 계보

보백당 사후 그 종가는 대략 500년이 넘는 세월을 지내 왔다. 그 세월 동안 종손들은 종가를 지키면서 대대로 신산한 삶을 견뎌 왔을 것이다. 그들이 선조의 유훈을 받들며 종택과 사당을 보존하고 가꾸면서 종손으로서의 막중한 소임을 마다하지 않았기에 지금이 존재한다. 종손은 복잡하게 얽힌 후손들 사이에서 종적으로 횡적으로 그 중심에 위치하며 문중 대소사의 핵심적 역할을 담당한다. 때때로 종손으로서의 책임감에 압박되어 또 다른 자아와의 갈등을 빚기도 하지만, 거부하기보다 숙명으로 받아들이고 그 나름의 삶에 충실하고자 노력하면서 종손이라는 이름과 지위에 부응해 간다. 개인의 일생에서 선택의 기로마다 어떤 부분은 애써 포기하고 또 과감하게 버리기도 하면서. 그리고 그 선택은 오랜 시간 면면히 이어지는 종가의 명예와 위상으로 거듭난다. 여기 보백당종가의 종손들이 세대를 이어오며 향촌에서의 삶을 어떻게 꾸려 왔는지, 희미하게나마 남아 있는 흔적들을 더듬어 본다.

> 우리 왕조에 들어와 계행係行이란 분이 계셨는데 대사성 증이조판서이며 시호는 정헌定獻으로 곧 보백당 선생이니 사람들이 묵계의 사당에 배향하였다. 인하여 안동 길안현에 수대에 걸쳐 세거해 왔고 휘 종윤宗胤이 군자감봉사軍資監奉事에 이르렀다. 그 아들 휘 주함奏咸은 동지중추부사同知中樞府事였고, 주함의 아들 휘 승서承瑞는 호군護軍이었으며, 승서의 아들 중망重望은 학행이 있었고 호를 용계龍溪라 하였다. 중망의 아들은 학澩이고, 학의 아들은 경행慶行이니 난포공蘭圃公의 5대 이상 선조이다. (공의) 고조는 휘 양선養善, 증조는 휘 효순孝淳, 조부는 휘 항근恒根, 부친은 휘 병주炳周인데, 대를 이어 덕을 감추고 드러내지 않았다. (공의) 어머니 전주류씨全州柳氏는 증이참 기봉岐峯 선생 류복기柳復起의 후손 규진奎鎭의 딸이다. 철종 임자년 고란리(谷蘭里)의 집에서 태어났다.
>
> 「處士蘭圃金公行狀」 중에서

『범암집』

류연즙의 『범암집』 중 「처사난포김공행장」

종가에 보관된 「처사난포김공행장」 문서(현재 한국국학진흥원 소장)

위 행장의 주인공은 난포공蘭圃公이다. 난포의 이름은 학규學圭(1852~1922)로, 보백당의 15대 종손이다. 친분이 두터웠던 류연즙柳淵楫(1853~1933)이 난포의 맏아들인 16대 종손 창진昌鎭의 부탁으로 그의 행장을 저술하였다. 이 글은 류연즙의 문집인 『범암집』에 수록되어 있으며, 종가에도 낱장의 고문서로 보관되어 있다. 종가에 소장된 문서는 류연즙에게 받은 글을 종가의 누군가가 정서한 것으로 보이는데, 마지막에 저술한 날짜가 기록되어 있다. 이에 의하면 김학규의 행장은 그가 죽은 지 10년쯤 지난 1932년 12월 상한上澣에 지어진 것이다. 김학규는 어려서는 숙부에게 공부를 배우다가, 1867년(고종 4) 16세 되던 해 내앞(川前)에 장가들면서 이를 인연으로 서림西林 김흥락金弘洛(1817~1869)의 문하에 들어갔다. 그는 학문에 대한 열의가 넘쳐 숙부에게 배울 때는 고개 너머 숙부의 집을 궂은 날씨에도 아랑곳하지 않고 부지런히 왕래하였으며, 김흥락의 문하에 들어가서도 열심히 학문을 연마하였다. 김흥락은 호가 서림西林, 자가 공백恭伯, 본관은 의성義城이다. 안동에서 태어났으며, 정재定齋 류치명柳致明(1777~1861)의 문인으로 만산萬山 류치엄柳致儼, 이재頤齋 권연하權璉夏, 신암愼菴 이만각李晩慤 등과 교유하였다. 그는 과거에 뜻을 두고 여러 번 시험을 보았으나 낙방을 거듭하면서 그 문란함에 회의를 느끼고는 이후 고향에서 학문에 정진하며 후학 양성에 낙을 두었다고 한다. 김학규가 그의 문하에 들어갈 그 당시 마침 김흥락이 지역에서 후학 양성 방면으로 이름을 떨치고 있을 때였다. 행장을 쓴 류연즙은 호가 범암汎庵, 자가 이용而用, 본관은 전주全州이며, 안동에서 태어났다. 아버지는 장호章鎬이고, 어머니는 진성이씨眞城李氏 휘정彙正의 딸이다. 어려서는 석은石隱 류기호柳基鎬(1823~1886)의 문하에서 배웠으며, 후에는 서산西山 김흥락金興洛(1827~1899)의 문인이 되었다. 일찍부터 관직에 뜻을 두고 사종형四從兄 류연갑柳淵甲과 함께 산방山房에서 과거공부에 매진하기도 했으나, 1882년 임오군란壬午軍亂이 일어나는 등 서세동점西勢東漸의 경향에 따른 국내외의 혼란이 가중되자 자신의 방에다 산림에 은둔하며 벼슬을 하지 않는다는 의미의 '무표霧豹'를 써 두고 성리학의 탐구에만 전념했다고 한다. 김학규의 스승과 친구 그리고 이들의 교유관계, 이와 더불어 행장의 기록에 보이는 김학규의 인맥 기반을 살펴보면, 그가 당시 지역에서 명망 높은 사림들과 두터운 교분을 나누었으며 혼반을 통해서 더욱 밀착된 관계를 유지하였음을 알 수 있다.

행장에는 김학규가 처사로서 학문 탐구와 후학 양성에 몰두하였고, 지역 사림들과도 자주 모여 강론과 시회를 즐긴 모습이 잘 나타나 있다. 또한 그는 종손으로서 집안과 문중 일에도 물심양면으로 노력하였는데, 보백당을 건립하여 향음주례를 개최한 것이나 문중의 제전祭田을 늙어서도 직접 관리한 것, 문족門族과 인척姻戚 중 혼례와 상례 때 재화가 없어 곤란을 겪는 이들에게 도움을 주어 보살펴 준 것, 그리고 김중청이 머물렀던 봉화의 구미당九未堂이 퇴락하여 그 수리를 주도한 일 등이 대표적 일화라고 할 수 있다. 김중청은 보백당의 현손으로, 보백당의 셋째 아들 극례의 4대손이다. 1905년 종택 내 현 위치에 완공된 보백당에서 향음주례를 개최했을 때는 도은陶隱 김필락金弼洛과 류연즙의 삼종숙부 수재修齋 류정호柳廷鎬를 빈주賓主로 삼았는데 멀고 가까운 곳에서 그 예를 보러 온 자들이 거의 수천에 달했다고 한다.

보백당은 이천서씨와 의령남씨를 아내로 맞았는데, 첫째 부인 이천서씨는 조선 전기 문신으로 동복현감同福縣監을 지낸 서운徐運의 딸이자 이조전서 서효손徐孝孫의 증손녀이며, 둘째 부인 의령남씨는 지평을 지낸 남상치南尙致의 딸이자 의령군宜寧君 남심

南深의 손녀이다. 이천서씨와의 사이에서는 두 딸을 두었으니, 그 중 맏이는 찰방 박눌朴訥에게, 차녀는 진사 류자온柳子溫에게 시집갔다. 보백당은 서씨부인과 혼인한 지 7년 만에 사별하고 이후 의령남씨를 맞아들여 다섯 아들 극인克仁·극의克義·극례克禮·극지克智·극신克信을 두게 된다.『안동김씨대동보』와 보백당의 행장 및 유사 기록 등에 의거하면 맏이 극인(1455~?)은 영릉참봉을 지냈고, 차남 극의(1459~1517)는 진사, 극례(1464~?)는 생원, 극지는 일찍 죽었으며, 극신(1474~1548)은 무과에 급제하여 문천군수를 지냈다고 한다. 극인은 의성김씨 참봉 중손仲孫의 딸을 아내로 맞아 세 아들 숙보淑寶·덕보德寶·양보良寶를 두었으며, 숙보는 죽산안씨를 아내로 맞아 역시 수洙·기淇·혼渾 세 아들을 두었다. 이후 위의 김학규 행장에 기록된 것처럼 대대로 명문세족의 혈통을 보존해 오며 종손의 계보가 형성되었다. 앞에서 잠시 등장했었던 8대 종손 중망은 낭시 보백당을 향사하기 위한 사당 창건에 많은 노력을 쏟았는데, 지역 유림들이 그에게 일을 주관하도록 맡긴 것이었다. 종손이었기에 그 명분과 책임감으로 볼 때 가장 적합한 인물이었을 것이다. 이에 따라 중망은 적극적으로 일을 추진하여 사당 창건에 많은 기여를 하였다. 또한 그러한 과정에서 집안에서 보관하던 보백당의 연보와「영모록」을 가지고 이보를 찾아가 유사를 부탁하였는데, 보백당 선조의 행적을 다시 정비하여 상세함을 갖추고 더불어 그의 세덕世德을 현양하기 위해

서였다. 중망의 노력은 이보가 쓴 유사에서 뚜렷하게 드러난다.

> 오늘날 보백당공의 유풍과 남겨진 공적을 추모하기 위해 공의 생전 평소 모습을 알고자 해도 고증할 바 없음을 모두가 한스럽게 여긴다. 이에 공의 후손 중망이 자신의 족조族祖인 승지 구전공(김중청)의 집에 보관되어 있던 (보백당공의) 연보를 가지고 왔으니, 아! 보백당공의 출처시종出處始終이 여기에 다 기록되어 있었다. 중망이 나에게 연보의 서차에 따라 유사를 써 줄 것을 부탁하였으니, 보백당공의 세덕을 현양하기 위해서였다. 내가 말하길 "서애 류 선생의 「영모록」이 있어 공의 명성과 업적이 불후한데 어찌 후인의 쓸데없는 부연을 덧붙인단 말인가. 하물며 나의 졸렬한 문장으로서는 이 부탁을 감당할 수 없다"라고 하였다. 그러나 중망의 뜻이 매우 간절하고 또 부탁이 더욱 강력하여 끝까지 사양하지 못하였다.

여기에 담긴 중망의 이러한 모습은 곧 종손으로서의 책임과 고민에서 비롯된 것이며, 그것이 실천으로 옮겨진 것이다. 후인들의 이러한 노력은 문중의 위선사업 이전에 기록유산의 생산과 역사 보존의 측면에서도 매우 의미 있는 일이라고 할 수 있다.

조선 후기로 내려올수록 중앙과 지방의 단절이 심해졌고 또한 영남은 정계에서 점차 소외되고 있었던 터라 지역 선비들의 관직 진출이 녹록치 않았다. 이 때문에 과거에 대한 뜻을 접고 향촌에 머물며 학문 탐구에 매진하던 선비가 많아졌다. 이들은 자신들끼리 두터운 친분을 쌓고 동시에 혼반과 학맥을 형성하면서 결속력을 강화하였다. 그리고 그 속에서 문중 일에 정성과 지원을 아끼지 않았다. 보백당 종손들 역시 이러한 흐름에 행보를 같이하였다. 입신양명의 욕망을 뒤로하고 고향에서 은덕불요隱德不耀의 처사적 삶을 살았기에, 그들의 삶은 드러나기보다 가려져 있다. 보백당 선조로부터 20대가 내려왔으니 종손들의 이야기가 많을 법도 한데 전해지는 기록이 많지 않은 것은 이러한 상황 탓도 무시할 수 없어 보인다. 그래서 그들의 삶을 들추어내기가 쉽지 않다. 그나마 파편적 기록에 의거하여 일부 종손들의 모습을 엿볼 수 있다는 사실이 다행일 정도이다. 그래도 그들의 일화가 시사하는 바는 크다. 보백당의 유훈을 대대로 계승하고 지켜오면서 그의 행적이 멸실되지 않도록 다각도로 노력하는 것, 이것이 곧 종손 그들의 일상을 지배하는 삶의 지표였으리라.

    김학규의 행장에 담겨 있는 크고 작은 일화들을 보면 오랜 시간이 흘러도 지역사회에서 보백당의 영향력은 여전했고, 종가의 위상 역시 대외적으로 인정받고 있었음을 쉽게 알 수 있다. 그러나 이것은 후손들이 훌륭한 선조의 이름에 일방적으로 기대는 것이라기보다, 그들 스스로 지키고 가꾸어 누리는 것이다. 그 중심에 곧 종손이 있다.

【보백당종가 종손의 계보】

寶白堂 ― 1代 ― 2代 ― 3代 ― 4代 ― 5代 ― 6代 ― 7代
金係行   克仁   淑寶   洙   應鐸   宗胤   奏咸   承瑞

8代 ― 9代 ― 10代 ― 11代 ― 12代 ― 13代 ― 14代 ― 15代
重望   㵾   慶行   養善   孝淳   恒根   炳周   學圭

16代 ― 17代 ― 18代 ― 19代 ― 20代
昌鎭   鼎漢   海東   胄顯   定基

3. 보백당의 후예들

　　한 가문 같은 혈통은 시간이 쌓일수록 종횡으로 거침없이 퍼져 나간다. 게다가 혼맥을 통해 인척으로까지 부단히 확장되면서, 그물망처럼 복잡한 관계를 형성하게 된다. 여기에 소속된 사람들은 멀고 가까움을 떠나 혈연에 기반을 둔 공동체 의식을 잠재적으로 가지며, 상황에 따라 강한 결집력을 드러내기도 한다. 더욱이 보백당처럼 가문을 대표하는 뛰어난 조상이 그 정점에 위치할 땐, 바깥으로 거세게 뻗어 나가는 세계世系 속에서도 조상을 중심으로 강한 구심력이 항상 작용한다. 그리고 그것은 가문이 퇴락하지 않고 오래도록 명맥을 유지하는 근본적 힘이 된다.

　　보백당으로부터 20대가 내려오는 동안 많은 내외內外 자손들이 나고 사라져 갔다. 그중에서 대표적 인물들만 거론해 본다. 서애 류성룡이 「영모록」을 써서 보백당에 대한 기록이 전해지는 데 적지 않은 기여를 했음은 이미 여러 번 언급했다. 류성룡은 보백당의 외현손으로, 보백당의 둘째 사위 류자온의 증손이다. 보백당은 사위 류자온의 소싯적 재질을 알아보고 각별히 격려하며 많은 기대를 했다고 한다. 「영모록」에서 류성룡은 보백당의 공적을 기리고 저술하면서 더불어 자신의 증조모를 낳아 준 첫째 부인 이천서씨에 대한 이야기를 빼놓지 않았는데, 보백당과 이천서씨의 혼인에 대해 다음과 같은 일화를 기록하고 있다.

> 서부인徐夫人은 동복현감 서운徐運의 딸이다. 용궁龍宮에 살았는데 집안이 매우 풍요로웠다. 서부인이 보백당과 혼인하기 이전에, 그녀의 아버지가 그 배필로 황희黃喜 정승의 아들을 택해 혼사를 맺기로 하였다. 혼렛날에 임박하여 황 정승이 서울에서 자신의 아들을 데리고 문경현에 와서 머무르고 있을 때였다. 정부녹사政府錄事 한 사람이 서부인의 아버지의 이웃에 살면서 그를 매우 미워하였는데, 마침 혼사가 있다는 이야기를 듣고 혼렛날 아침에 황 정승을 만나 짐짓 모른 척하며 거짓 정보를 흘렸다. 황 정승이 녹사에게 묻길 "너는 서 현감과 가까이 살고 있으니 분명 처자의 됨됨을 알겠구나. 그래 어떠한가?"라고 하자, 녹사는 어려운 듯 잠자코 있으면서 의도적으

로 황 정승의 의구심을 부채질하였다. 황 정승이 누차 묻자 그가 대답하길 "다른 것은 듣지 못했습니다만 두 눈을 실명했다는 말은 들었습니다"라고 하였다. 황 정승은 크게 놀라며 "내 아들이 어찌 차마 소경과 혼인을 한단 말이냐"라고 하고는 바로 사람을 보내 혼사를 깨뜨리니, 서 현감이 크게 노하였다. 이때 보백당의 부친 삼근三近은 비안현감을 지내고 있었고, 보백당은 처음 진사가 되어 서울에서 비안으로 부친을 뵈러 와 있었다. 어느 날 서 현감이 사람을 보내 혼인의 뜻을 전하니 며칠 지나지 않아 약속을 정하게 되었다. 드디어 혼롓날, 때마침 황 정승이 상주 중모리 본가에 있었으므로 서 현감이 사람을 보내 청하기를 "노비 한 사람을 보내어 내 소경 딸을 보게 하십시오"라고 하였다. 이에 황 정승이 그 아들의 유모를 보내왔다. 유모는 혼례석의 서부인을 보고 그 아름다운 용모에 놀라 통한의 눈물을 흘리며 돌아갔다. 황 정승은 녹사가 자신을 일부러 속인 까닭을 알게 되어, 다시 서 현감의 차녀에게 청해서 혼사를 성사시켰다.

류성룡은 이 「영모록」을 써서 가보로 보관했다고 한다. 류성룡이 누구인지 그의 삶과 업적에 대해서는 굳이 설명하지 않아도 될 것이다. 이것을 인연으로 보백당 집안은 안동 하회에 터전을 잡은 풍산류씨 가문과 혼반이 형성되었다. 그리고 류성룡의 후손들은 보백당의 외예손으로 자처하며, 보백당의 후손들이 그의 사적을 발굴 보존하는 데 꽤 적극적으로 협력했다. 1887년(고종 24) 보백당의 「묘갈개수고유문墓碣改竪告由文」을 찬술한 류도성柳道性(1823~1906)은 류성룡의 6대손 류이좌柳台佐의 손자이다. 자는 선여善汝, 호는 석호石湖, 안동 하회에 살았다. 보백당의 원래 묘갈문은 1732년(영조 8) 이광정에 의해 지어졌는데, 그 사이 글자들이 많이 마멸된 데다가 묘갈문이 쓰인 후로 1858년(철종 9)에 이조참판에 추증되고 이듬해 이조판서에 추증되었으며 1868년(고종5)에는 정헌定憲의 시호가 내려짐에 따라 이러한 사실들을 반영하고자 묘갈문을 다시 써서 세우게 되었다. 이때 고유문의 저술을 류도성이 맡게 되었던 것이다. 당시 류도성은 안동지역의 원로 유림으로서 김흥락金興洛・류지호柳止鎬・김도화金道和 등과 교유하며, 이들과 함께 여러 문중의 힘을 단합시키면서 독립운동의 의병활동에 적극 가담했던 인물이다. 『보백당선생실기』의 「중간발문重刊跋文」을 쓴 류도헌柳道獻(1835~1909)도 류성룡의 후손이다. 그는 발문에서 '우리 외선조 보백당 김 선생' 또 '우리 선인(西厓)이 영모永慕한 뜻'이라 언급하며 자신이 보백당 외예손임을 거듭 드러내었고, 이러한 인연 때문이라도 발문의 부탁을 끝내 사양할 수 없었다고 하였다. 류도헌의 자는 현민賢民, 호는 전원田園으로 족부族父인 계당溪堂 류주목柳疇睦(1813~1872)에게 수학하였다. 그 역시 안동의 대표 유림으로 지역의 명망 있는 선비들과 활발하게 교유했던 인물이다. 조선 말기 대개의 영남지역 선비들이 당시 정치적 구조에 영향을 받아 그랬던 것처럼, 류도헌 역시 과거에 여러 번 응하였으나 실패한 후 출사의 뜻을 접고 산림에 은거하면서 경사자집經史子集을 탐독하고 성심수양에 힘썼다. 문집인 『전원집』이 남아 있어 그의 학문세계와 삶의 면모를 어느 정도 살펴볼 수 있는데, 특히 지역의 저명한 문인들을 위해 쓴 발문·제문·행장·묘갈명·만사 등이 많은 것은 당시 그가 지역 유림들 사이에서 문장력을 인정받고 있었음을 보여 주는 뚜렷한 증거라고 하겠다.

외손들로 말할 것 같으면 보백당의 맏사위 박눌(1448~1528)의 아들들을 빼놓을 수 없다. 박눌의 자는 여우如愚, 호는 행정杏亭이며, 본관은 함양으로, 상주 이안지역에 터전을 잡고 살았다. 박눌은 보백당이 이천서씨와의 사이에서 얻은 첫째 딸을 아내로 맞아들여 다섯 아들 즉 거린巨鱗·형린亨鱗·붕린鵬鱗·홍린洪鱗·종린從鱗을 두었다. 집에 정자를 지어 모정茅亭이라 부르며 이곳에서 다섯 아들을 교육하였는데, 모두가 대과에 급제하였다. 이로부터 박눌의 집을 오린五鱗의 집 또는 삼난三難의 집이라 불렀으니, 삼난이란 아들 다섯을 두기도 어렵고 다섯이 다 학문을 하기도 어려우며 다섯이 모두 대과에 급제하기는 더욱 어려운 일이라는 의미이다. 박눌은 아들이 모두 귀하게 되어 이조참판에 증직되었으며, 그의 상례 때엔 중종이 예관을 보내 치제致祭하기도 하었다. 보백당이 78세 되던 1508년(중종 3)에 정자 보백당에서 잔치를 베풀었는데, 이때 외손 거린과 형린이 연달아 대과에 급제하였으므로 박눌이 이 둘을 데리고 와 인사드리며 보백당의 장수를 기원했다고 한다. 다섯 중 막내아들 종린(1496~1553)의 후손들은 예천군 용문면 상금곡리 금당실을 기반으로 지금까지 명문가를 형성하고 있다.

보백당의 자손이 번성했던 것은 그의 말년에 있었던 일화에서도 잘 나타난다. 보백당이 81세 되던 1511년(중종 6) 2월에 내외 종친이 모두 모여서 그에게 만수를 비는 술잔을 올렸는데, 그 자리에 모인 내외 자질손子姪孫 중 대소과에 급제한 자가 10여 명이나 되었고 관직에 있는 자가 7명이나 되었다고 한다. 당실堂室이 축하객으로 가득하고 문 앞은 노비들로 꽉 차서 보는 사람마다 부러워했다는데, 오히려 보백당은 더욱더 조심스러워하며 자질들에게 몸가짐을 조심하라고 간절하게 타이르고 경계시켰다고 한다. 이를 기점으로 자손들이 계속 번성하여 뛰어난 후예들이 많이 배출되었고, 이들은 또한 자신의 출신과 계보를 인식함에 보백당 선조를 추모하는 것을 잊지 않았다.

보백당의 묘갈명과 『보백당실기』 발문을 지은 이광정도 보백당의 외예손이다. 이광정은 보백당의 8세손 지항至恒과 9세손 이호爾鎬·영泳의 요청으로 비문을 지었다. 비문에서 스스로 보백당과의 관계를 다음과 같이 밝히고 있다.

(보백당의) 손남孫男은 6명이니 숙보淑寶・덕보德寶・양보良寶・세주世周・세은世殷・세상世商이다. 세은의 아들 중 정헌廷憲은 진사이고 정준廷準은 문과에 급제하였으며, 정헌의 손자 중청中淸은 문과 승지承旨로서 호는 구전苟全이니 학자들이 우러러 떠받든다. 중청의 아들 주우柱于도 문과 지평持平으로 역시 유명하고, 주우의 현손玄孫 한운翰運은 지금 정언이 되었다. 지금 와서 묘갈명을 청한 영은 덕보의 후손이고 지항과 이호는 승지(중청)의 증손과 현손인데, 지항은 내 아버지의 내종제內從弟이다.

세은은 보백당의 셋째 아들 극례의 아들이다. 중청의 현손 지항이 이광정의 아버지에게 내종형제가 되니, 아버지의 고모 즉 이광정의 왕고모 원주이씨原州李氏가 보백당의 집안으로 시집간 것으로 보인다. 이러한 혼맥으로 인해 이광정은 보백당의 외예손이 되었다. 이광정의 자는 천상天祥, 호는 눌은訥隱, 본관은 원주이다. 갈암葛庵 이현일李玄逸(1627~1704)・창설재蒼雪齋 권두경權斗經(1654~1725)에게 수학하였으며, 영남 남인 학통에서 대표적 학자로 거론된다. 조현명趙顯命이 경상도관찰사로 있을 때 지방에 학문과 교화를 일으키고자 많은 선비들을 선발하면서 이광정을 스승으로 모셔 안동부훈도장安東府訓都長으로 삼았다는 일화는 유명하다. 경상도관찰사를 지냈던 조현명과 김재로金在魯가 그의 문장과 학문의 역량을 높이 사서 거듭 조정에 천거하여 관직에 제수되었지만, 후릉참봉을 잠깐 역임했을 뿐 안동에 은거하며 관직에 진출하지 않았다. 이광정은 류운룡柳雲龍의 『겸암집謙庵集』· 이덕홍李德弘의 『간재집艮齋集』· 이후경李厚慶의 『외재집畏齋集』· 조임도趙任道의 『간송집澗松集』· 권벌權橃의 『충재집冲齋集』 등을 교감하고 서문을 지었는데, 이들은 조선 중기에 활동했던 안동 또는 영남 출신 학자들로 학행이 높아 명유로 추앙받았던 인물들이니 별도의 부연은 필요 없을 것이다. 『보백당실기』의 서문이 그의 손에서 탄생한 것도 이러한 맥락에서 이해해 볼 수 있다. 다만 아쉬운 것은 그의 저술이 남아 있지 않아 학행에 대한 실질적 고증이 어렵고 이 때문에 정신적 표상으로서 후학들의 추모가 끊이지 않았어도 학문적 영향과 구체적 학통은 형성하지 못했다는 사실이다. 물론 이것은 보백당이 임종에 임박하여 자질들을 모아 놓고 남긴 유훈 때문이리라. 여하튼 이광정이 굳이 혼맥을 거론하며 보백당의 외예손임을 자처한 것은 가문과 계보를 중요시했던 당시 사회구조를 고려할 때 보백당의 명망과 지위가 오랜 시간 동안 퇴색하지 않고 유지되고 있었음을 보여 주는 사례라고 할 것이다.

보백당의 신도비명을 찬술한 이돈우(1807~1884)도 비문에서 외예손임을 밝히고 있다. 이돈우는 보백당의 후손 병호炳昊가 자신에게 신도비문을 요청하기에 천학淺學이라 감당하기 어렵다고 누차 사양하였으나, 병호의 요청이 너무 간절하고 또 자신도 선생의 외예손으로 도리상 끝까지 거절할 수 없어 비문을 짓는다고 하였다. 이돈우는 자는 시능始能, 호는 긍암肯庵, 본관은 한산韓山이다. 그의 고조부는 대산大山 이상정李象靖(1711~1781)이고, 증조부는 홍문관 교리를 지낸 이완李埦이며, 조부는 현감을 지낸 이병운李秉運이니 대대로 이어지는 가학의 전통을 잘 계승하여 유림의 존앙을 받았던 인물이다. 중숙조 면암俛庵 이우李㙖(1739~1811)가 어릴 적 그의 손금을 보고는 "이 아이는 반드시 문필로 세상에 이름을 떨칠 것이다"라고 했다 한다. 정재 류치명의 문하에서 수학하였으며, 44세 때 문과에 급제한 후 부사과副司果, 전적典籍 등 여러 관직을 역임하였다.

    세대가 거듭될수록 복잡해지는 혼반으로 인해 외후손의 계보를 추적하기란 쉽지 않다. 실제로 어느 시점이 넘어서면 그것은 친족의 범위를 한참 벗어나 관계를 따지기도 어려울 만큼 멀어지게 된다. 그러나 여기에서 의미를 부여할 수 있는 것은 실질적 관계라기보다 자신의 시대를 풍미했던 지역의 뛰어난 학자들이 보백당의 외예손임을 자처했다는 사실이다. 보백당 사후 안동김씨는 수백 년 동안 영남의 명문가와 혼반을 맺으며 횡적으로 그 계보를 확장해 왔다. 그리고 그것은 그 계보에 속한 후손들에게 때때로 보백당과의 혈연관계를 의식하게 만드는 자극제가 되었다. 비록 저술과 같은 유형의 매개체가 없을지언정, 이렇게 오랜 세월 동안 저명한 학자들이 계보를 내세우고 시대를 이어 오며 우러러 받들었던 것이다.

보백당의 외예손들 이야기를 통해 그의 시공간적 존재감과 영향력이 어느 정도였었는지 가늠할 수 있었다. 이제 보백당의 친손 중 두드러진 학행으로 거듭 언급되었던 김중청에게 접근해 보자. 보백당의 셋째 아들 성균생원 극례는 봉화에 터전을 잡고 그곳의 입향조가 되었다. 그곳에서 세은·진사 정헌·첨지중추부사 몽호를 이어 중청이 태어났으니, 김중청은 극례의 현손이며 보백당에게는 5대손이 된다. 현재 봉화군 명호면 풍호리에 김중청의 자손들이 세거하고 있다.

김중청의 자는 이화而和, 호는 만퇴헌晩退軒 또는 구전苟全이다. 월천月川 조목趙穆(1524~1606)과 한강寒岡 정구鄭逑(1543~160)에게 수학하였으며, 44세 되던 1610년(광해군 2)에 문과에 급제하여 전적·예조정랑 등을 역임하였다. 1614년(광해군 6) 4월에는 천추사 겸사은사의 서장관으로 명나라에 다녀왔다. 이때 동료 대신과 향촌의 제현 70여 명이 전별시를 친필로 써서 주었는데, 『부경별장赴京別章』이라는 제목으로 장첩되어 구전종택에서 보관해 오고 있다. 또 김중청의 문집 『구전집』에도 「연행증유燕行贈遺」라는 제목으로 수록되어 있다. 시를 써 준 사람들을 보면 당대의 쟁쟁했던 인물들이 많아서, 김중청의 사회적 지위와 명망이 뚜렷하게 드러난다. 그중에서 눈에 띄는 인물들이 있으니, 곧 김상용과 김

구전종택

상헌이다. 이 두 사람이 어떤 인물이었는가는 굳이 부연하지 않아도 될 것이다. 이들은 김중청에게 전별시를 주면서 그를 두고 '종형宗兄'이라는 호칭을 쓰고 있다. 두 작품 중 김상헌의 시를 소개해 본다.

서쪽 명나라로 떠날 때 불볕더위를 만나니,
여름철 불 구름 붉은 태양 무더위가 기승을 부리네.
알겠구나! 치관 수의 그 깨끗함에 더위도 없으며,

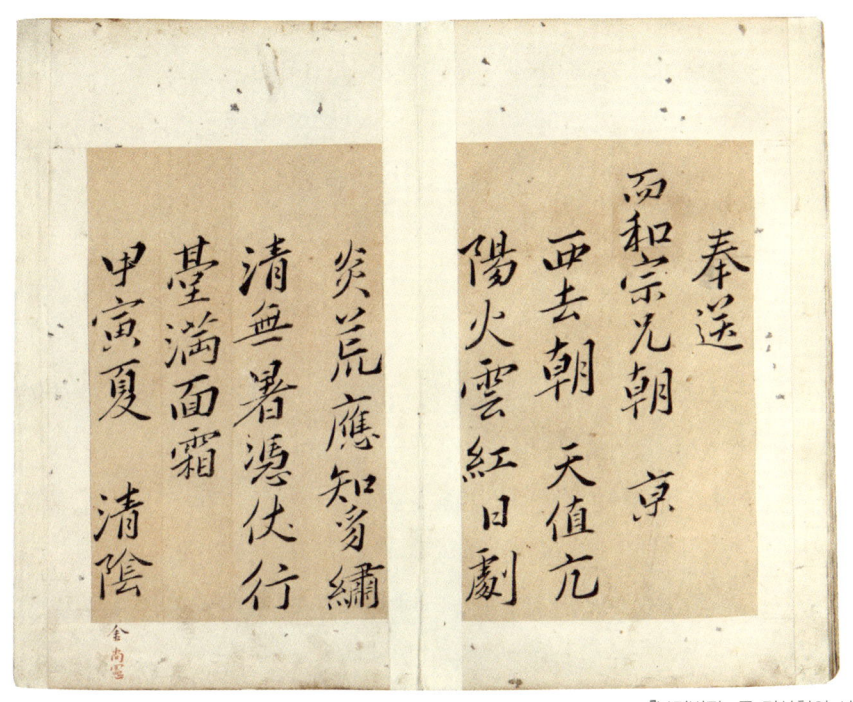

『부경별장』 중 김상헌의 시

서장관을 맡았으니 온 얼굴에는 서릿발뿐임을.

西去朝天値亢陽 　火雲紅日劇炎荒

應知多繡淸無暑 　憑仗行臺滿面霜

「이화 종형이 명나라에 사행 가는 것을 삼가 전별하며」(奉別而和宗兄朝京)

한참 더울 때 사행을 떠나는 종형이 걱정스럽지만, 그러한 불볕더위와 상관없이 청렴결백한 관직자의 자세로 서장관의 직책을 엄격하게 수행할 것이라는 믿음을 전하고 있다. 서장관은 사행단에서 기록관의 역할로 외교문서에 관한 일을 분담한다. 사행 도중 매일 매일의 사건을 기록하고 돌아온 뒤 왕에게 견문한 것을 보고할 의무를 가지고 있었으며, 또 일행을 감찰하고 국경을 건널 때는 일행의 말과 마부 및 물자를 점검하는 일도 했다. 그러므로 서장관의 임무를 잘 수행하기 위해서는 청렴할 뿐만 아니라 냉철한 판단력과 문장력도 아울러 지녀야 했다. 김상헌은 종형 김중청이 높은 학덕과 훌륭한 인격을 겸비하여 그에 꼭 맞는 인물임을 강조한 것이다.

이들의 관계를 도표로 간략하게 그려 보면 다음과 같다.

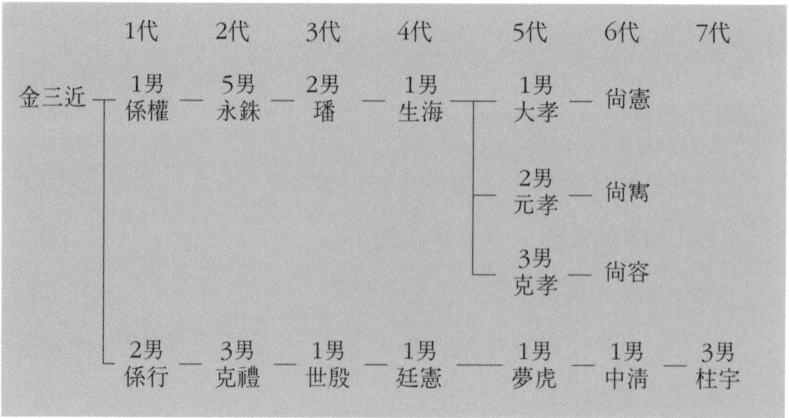

김상용과 김상헌은 안동김씨 장동파의 파조인 김번의 증손자이다. 둘 다 극효의 아들로 형제간인데 상헌이 대효에게로 출계하여 대를 이었다. 정치 사회사적 맥락에서 이들은 대립각의 위치에 존재하며, 시간이 지남에 따라 각각의 자손들은 노론과 남인 계열로 지역 및 정치적 입지상 뚜렷하게 양분되어 갔다. 그럼에도 불구하고 같은 뿌리에서 태어난 한 핏줄임을 잊지 않았던 것이다.
　서인 노론의 맹장 김상헌 자손들의 행보는 주지하는 바이다. 그들은 조선 후기 중앙 정계와 학계에서 활발하게 활동하며 탄탄한 세력을 구축했다. 보백당의 정경正卿 증직贈職을 요청하는 상소를 쓴 김병학金炳學(1824~1879)도 김상헌의 자손이니, 거슬러 올라가면 판관공 김계권·비안현감 김삼근의 후손이 되며 보백당에게는 방예손이 된다. 김병학은 조선 말기 안동김씨 세도정치의 중심인물로 고위 관직을 역임하며 정계를 주름잡았었다. 김병학은 보백당이 1858년 이조참판에 추증된 바로 이듬해에 이 상소문을 써서 이조판서로의 증직을 요청하였는데, 밝히고 있는 이유인즉슨 본직이 도헌都憲인데 증직이 천관아경天官亞卿인 것은 명현을 존숭하는 특별한 은전으로는 부족함이 있다는 것이었다. 김병학이 보백당의 방예손으로서 증직 요청 상소문을 쓴 사실은 어떤 측면에서는 마냥 단순하게만 볼 수 없는 점들이 있다. 조선 후기로 접어들면서 당파 및 학파에 따른 중앙과 지방의 분리 대립 현상이 뚜렷해지는데, 이 시기까지도 중앙에서는 남인 소외가, 영남에서는 노론 배척이 여전했기 때문이다. 어떻든 간에 김병학은 김상헌·김수항·김창협 등을 잇는 핵심 노론계 가문의 일원이었으므로 그의 학문과 사상이 가학에 바탕을 둔 것은 당연한 일이었다. 이러한 사실들을 염두에 두면 당시 시대적 사회적 현실을 의식하지 않을 수 없게 된다. 그러나 김병학이 보백당의 학행을 추숭하며 그에 걸맞은 증직을 요청하는 상소문을 집필한 것은 이러한 시공간적 상황을 넘어서는 것이었으리라. 어쩌면 정치적 대립과 학파적 반목을 초월하는 혈연의식과 명분, 그리고 책임감은 아니었을지. 앞에서 잠시 언급했던 동야 김양근도 보백당의 방예손이다. 영수의 첫째 아들 삼당공 김영의 11대손으로 풍산 소산에 거주하였다. 그는 「만휴정중수기」를 찬술하였으며, 중수 직후 5언절구 3수를 짓기도 했다. 이에 대해서는 뒤에서 거론할 것이다.

    시간이 누적됨에 따라 종횡으로 확장된 복잡한 계보 속에서 보백당의 후예들 중 두드러진 몇몇 인물들을 거론해 보았다. 시대를 잇고 계보를 이으면서 보백당을 매개로 이어지는 고리를 찾다 보니, 그가 영남의 명유로서 현재까지도 그 존재감과 영향력을 상실하지 않고 있는 원동력이 느껴졌다. 역사와 더불어 후손들이 당면한 정치적 사회적 학문적 현실도 때에 따라 지속적으로 변화를 거듭했다. 그러나 이들은 보백당의 후예로서 그를 추모하며 유풍을 지키고 진작시키려 했던 것은 잊지 않았다.

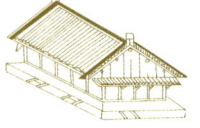

제3장 옛 기록으로 과거와 소통하다

1. 보백당에 대한 기록, 『보백당선생실기』

개인이 일생 동안 저술한 원고를 모아 일정한 체재로 편집한 것을 문집이라 한다. 문집은 편집 구성이나 간행 여부에 따라 문집·실기·유고 또는 일고·세고 또는 연방록 등 그 이름을 달리 붙이기도 한다. 이 중 실기는 본인의 글이 적어서 후인들의 추모 글을 덧붙이는 형태로 편집한 것이고, 세고와 연방록은 부자 또는 형제간의 글을 합본하여 편집하는 경우에 주로 붙인다. 문집의 편집은 저자에 의해 직접 이루어지는 경우도 있기는 하지만 드문 편이며, 저자가 죽은 후 그의 후손이나 문인 등에 의해 이루어지는 것이 일반적이다. 고려시대를 지나 특히 조선시대는 가문과 문벌을 중시하는 유교적 관습이 뿌리를 내리면서 사대부층

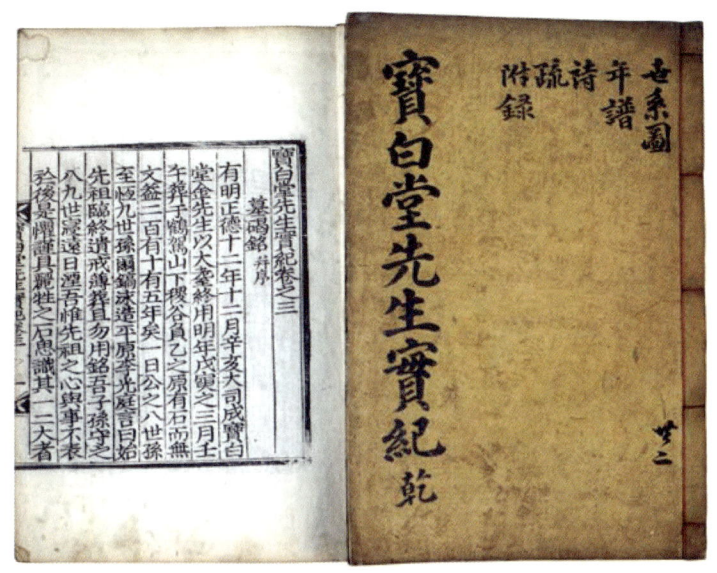

『보백당선생실기』 중간본(1901년)

에 의한 문집 간행이 활발해졌다. 그러나 그렇다고 해서 누구나 문집을 간행할 수 있는 것은 아니었다. 우선 저자의 학식이나 인품에 대해 향촌사회의 인정을 필요로 했으며, 더불어 간행을 위한 재정적 능력도 어느 정도 갖추어야만 가능한 일이었기 때문이다. 문집의 편집·간행 절차는 대개 원고의 수집·정리, 편집·교정, 정본定本 확정, 등재본登梓本 작성, 판각板刻, 인출印出, 제책製冊, 반질의 순으로 이루어진다. 이 과정에서 보통 서문과 발문을 누군가에게 요청하여 문집의 앞뒤에 수록하는데, 이를 통해 문집의 대체적인 간행 경위를 파악하기도 한다. 또 이 서발문을 누가 썼느냐에 따라 저자의 정치적 사회적 학문적 지위를 가늠하기도 하는데, 이러한 판단에는 문집 말미에 편집되는 부록附錄 즉 저자에 대한 묘갈명・행장・만사・신도비명 등을 누가 지었느냐도 일정한 기준이 된다.

보백당의 저술이 대부분 남아 있지 않다는 이야기는 여러 번 했다. 이 때문에 시간이 흐르면서 그의 자취가 멸실될까 후손들과 후학들은 염려하기 시작했고, 이를 계기로『보백당선생실기』의 편찬이 이루어졌다. 현재 남아 있는 판본은 4권 2책의 목판본으로, 1901년(고종 38)에 중간重刊한 것이다. 서발문의 기록에 의하면 중간에 앞서 1733년(영조 9)쯤 초간初刊이 있었는데 널리 유포되지 못했다고 한다.

실기에 수록된 보백당의 글은 권1의「일고逸稿」에 실려 있는데, 1480년에 쓴「제총마계축題驄馬契軸」7언율시 2수와 총마계에 참여한 사람의 명단을 쓴 계첩契帖 2편, 1495년에 연산군이 도승지를 제수하자 사양하기 위해 쓴「사도승지소辭都承旨疏」이다. 총마계는 사헌부에 같이 근무하는 관리들이 친목을 목적으로 개최한 계회를 일컫는 이름인데, 보백당이 사헌부에 근무하던 시기에 두 차례의 계회가 열렸었다.「제총마계축」가운데 첫 번째 시 뒤에 기록된 내용에 의하면, 이 시는 김종직의『점필재집佔畢齋集』(詩集, 권16)에도 수록되어 있는데 보백당 후손이 소장하고 있던

「총마계축」에도 쓰여 있어서 이를 바탕으로 그의 일고로 실었다고 한다. 보백당종가에 소장되어 있던 이 「총마계축」 문서는 현재는 한국국학진흥원에 보관되어 있다. 시의 내용은 사헌부 관리로서의 마음가짐과 동료와의 두터운 교유를 권계한 것으로, 청백한 관리로서의 기상이 잘 나타나 있다. 이 글들을 제외하면 실기에 수록된 글들은 대부분 후학들이 그를 추모하며 쓴 것들이다.

『보백당선생실기』가 누구의 어떤 글을 수록하였고 또 어떻게 편찬 간행되었는지 살펴보면, 시공간을 관통하는 보백당의 존재감이 살아난다. 보백당의 후예들을 거론하며 일정 부분 그 의미를 짚어 보기도 했는데, 여기에서 좀 더 자세하고 구체적으로 실기 편찬 과정을 들여다보자. 16세기쯤 작성되었을 류성룡의 기록부터 한말 학자로서 의병장을 지냈던 척암拓庵 김도화의 글까지 따라가다 보면, 후인들이 그를 기억하기 위해 오랜 시간에 걸쳐 다각적으로 노력했던 모습이 되살아난다. 먼저 서발문의 기록을 통해 실기의 편집과 간행 이력을 파악해 본다.

1730년대를 전후하여 실기 편찬 작업이 처음 주도되었던 것으로 보인다. 당시 보백당과 응계를 향사하기 위한 사당(청덕사) 창건이 사림의 공론으로 부상하면서, 실기의 편찬도 함께 진행된 것이다. 원고를 편집한 후 조덕린에게서 서문을, 이광정에게서 발문을, 그리고 다시 권구에게서 「서실기후」를 1편 더 받아 앞뒤로 붙이고 실기의 편집 체재를 완성하여 간행하였으니, 서발문의

서문 2편	보백당선생실기서	1730년(영조 6)	조덕린趙德鄰(1658~1737)	외예손
	보백당선생실기후서	1829년(순조 29)	김이교金履喬(1764~1832)	방후손
발문 4편	서실기후書實紀後	1733년(영조 9)	권 구權 榘(1672~1749)	외예손
	발跋	1732년(영조 8)	이광정李光庭(1674~1756)	외예손
	중간발문重刊跋文	1901년(고종 38)	류지호柳止鎬(1825~1904)	후학
	중간발문重刊跋文	1901년(고종 38)	류도헌柳道獻(1835~1909)	외예손

기록을 통해 이리저리 고증해 보면 1733년(영조 9)이 될 것 같다. 이로부터 100여 년이 지난 후 1829년(순조 29)에 실기의 재간행이 이루어지는데, 김이교가 후서를 쓰면서 이러한 경과를 다음과 같이 설명하였다.

> …… 공의 총마계첩시 1축과 「사도승지소」 1편을 얻어서, 공의 외손 상공相公 류성룡이 기록한 유사와 공의 5세손 승지 중청이 편차한 연보를 붙이고 또 묘갈명·행장과 서원 봉안 및 향사의 글 등을 더해 수합하여 1책을 만들었다. 이를 간행하면서 『보백당실기』라 이름 하였으니, 이 책이라면 공의 진실한 덕행이 후세에까지 전해져 사라지지 않을 수 있을 것이다. 공은 향년 87세(1517)로 돌아가셨으니 이후로 216년(1732)만에 실기가 이루어졌다. 그 후 올해 기축년(1829)에 이르기까지 98

년이 되었지만 우리 향촌의 사대부들이 공을 우러러 그리워함은 더욱 깊어졌다. 가을에 일이 있어 묵계서원에서 모였는데 모인 사람이 100여 명이나 되었다. 모인 사람들이 모두 말하길 "실기가 이루어진 지도 또한 100년이지만 세상에 널리 전해지지 못했으니 오래되면 멸실될까 두렵다. 다시금 알려진 문필가에게 서문을 받아 광범하게 유포시키는 것이 마땅하다"라고 하였다. 이에 내가 선생의 방후손이라고 1000리 서울 길에 사자를 보내 설득하고 명령하였다. 가만히 생각건대 어려서부터 공의 유훈을 따르고 공의 덕으로 자신을 채움이 남에게 뒤지지 않았다. 항상 공을 위해 사역하고 싶었으나 겨를이 없었는데, 어찌 감히 사양하겠는가.

김이교는 김상용의 6세손이다. 보백당의 방후손으로 11세 종손從孫이 된다. 그는 자가 공세公世, 호는 죽리竹里로, 1789년(정조 13) 문과에 급제한 후 여러 관직을 두루 역임하여 우의정에까지 오른 인물이다. 저서로 『죽리집』이 있으며, 글씨도 잘 썼다고 한다. 순조가 즉위하여 노론 벽파가 정권을 잡고 시파를 탄압했을 때, 김이교는 시파로서 벽파에 의해 함경도 명천에 유배가기도 했었다. 동생 김이재와 함께 다산 정약용과 교분이 있었는데, 다산의 해배에 도움을 주었다는 일화가 전하기도 한다. 1829년 당시 보백당의 후손을 비롯한 안동지역 사림들은 『보백당선생실기』를 간행한 지 100여 년이 지난 데다가 그때 반질 범위가 넓지 못해 이대로 시간이 더 흐르면 결국 멸실될 것이라는 걱정 때문에 재간행 추진에 들어가게 되었다. 그리고 방후손인 김이교에게 재간행을 위한 후서를 요청했던 것이다.

    지금 전해지는 중간본은 15대 종손 김학규가 김원규와 함께 지역 사람들의 지원과 협조를 받아 1901년에 간행한 것이다. 이때 중간 발문을 류지호와 류도성이 썼다. 이들은 당시 안동지역 유림의 핵심 인물들이었다. 류성룡의 후손인 류도헌의 가계는 앞에서 언급한 바 있고, 류지호는 전주류씨 가문의 일원으로 곧 정재 류치명의 아들이다. 류치명은 1858년(철종 9) 보백당이 이조참판에 증직되었을 때 분황고유문과 신주를 고쳐 쓰는 의식을 밝힌 글을 작성한 바 있다. 김학규는 중간을 주도하면서 본래의 실기에다가 이후 예전禮典에 관계된 글들을 더 수록하여 증보판을 내고자 하였다. 그렇게 지금의 『보백당선생실기』가 완성된 것이다. 실기의 권3에는 증직 및 시호 하사와 관련된 글들이, 권4에는 묵계서원과 만휴정의 창건 및 중수 관련 글들이 주로 수록되어 있는데 대부분 중간 때 증보한 것으로 보인다. 실기에 수록된 글들을 권차별로 정리해 보면 다음과 같다.

권차	제목	지은이	저작연도	보백당과의 관계
권1	年譜	김중청金中淸(1567~1629)		5대손
	逸稿	김계행金係行(1431~1517)		
권2	西厓先生永慕錄	류성룡柳成龍(1542~1607)		외예손
	遺事	이 보李 簠(1629~1710)	1706년(숙종 32)	후학
	行狀	이 재李 栽(1657~1730)	1729년(영조 5)	후학
권3	墓碣銘幷書	이광정李光庭(1674~1756)	1732년(영조 8)	외예손
	奉安文	김세흠金世欽(1649~1720)	1706년(숙종 32)	후학
	常享祝文	김세호金世鎬(1653~1722)	1706년(숙종 32)	후학
	又(常享祝文)	김정균金鼎均(1782~1847)	1829년(순조 29)	방후손
	祭文(雲川先生合享時)	이 재李 栽(1657~1730)		후학
	奉安時士林通文	이 보李 簠(1629~1710)	1706년(숙종 32)	후학
	亞卿請贈時上言	이주정李周禎(1750~1818)	1858년(철종 9)	
	吏曹回啓(판서 김병학)		1858년(철종 9)	
	(贈職)敎旨		1858년(철종 9)	
	亞卿焚黃告由文	류치명柳致明(1777~1861)	1858년(철종 9)	후학
	貳卿焚黃改題時儀節	류치명柳致明(1777~1861)	1858년(철종 9)	후학
	改題告辭	김대진金岱鎭(1800~1871)	1858년(철종 9)	후학
	正卿請贈時上言	김병학金炳學(1824~1879)	1859년(철종 10)	방후손
	吏曹回啓(판서 남병철)		1859년(철종 10)	

	(贈職)敎旨		1859년(철종 10)	
	焚黃告由文	이휘녕李彙寧(1788~1861)	1859년(철종 10)	후학
	諡狀	정원용鄭元容(1783~1873)	1868년(고종 5)	후학
	諡號敎旨		1868년(고종 5)	
	墓碣改竪告由文	류도성柳道性(1823~1906)	1887년(고종 24)	외예손
	墓碣改竪時追錄	김홍락金興洛(1827~1899)	1887년(고종 24)	외예손
	神道碑銘幷書	이돈우李敦禹(1807~1884)		외예손
권4	淸德祠上樑文	옥세보玉世寶	1702년(숙종 28)	
	淸德祠重修上樑文	김성탁金聖鐸(1684~1747)		후학
	立敎堂重修上樑文	이후천李厚天		후학
	挹淸樓上樑文	이 재李 栽(1657~1730)	1712년(숙종 38)	후학
	齋樓重建上樑文	이상정李象靖(1711~1781)		후학
	晩休亭上樑文	정 박鄭 璞(1734~1796)	1790년(정조 14)	후학
	默溪書院創建記	류극화柳克和		후학
	晩休亭重修記	김양근金養根(1734~1799)	1799년(정조 14)	방후손
	書堂重建記	김도화金道和(1825~1912)	1895년(고종 32)	후학

　　표에서 뚜렷하게 부각되듯이 보백당의 학덕을 추모하기 위해 지역 내외의 저명한 문인들이 함께 가담했음을 볼 수 있다. 그리고 그중 일부 문인들은 보백당의 외예손이거나 방후손임을 자

처하며 도리와 명분을 내세우기도 했다. 보백당 사후 200여 년이 지난 18세기 초부터 그를 기리려는 움직임이 활발해졌으니, 사당 창건이 그 시작이었다. 당시 사당 창건과 관련하여 지어진 글들이 김세흠의 「봉안문」, 김세호의 「상향축문」, 이보의 「봉안시사림통문」, 옥세보의 「청덕사상량문」 등이다. 1858년(철종 9)에는 경상도 내 유생들과 진사 류교목柳敎睦 등이 뜻을 모아 보백당의 증직을 요청하기 위해 상소를 올렸다. 이 상소문은 실기에 「아경(이조참판)으로 증직을 청하는 상언」(亞卿請贈時上言)의 제목으로 수록되어 있다. 대계大溪 이주정이 쓴 것으로 되어 있는데 그의 생몰연도와 시기가 어긋나는 점이 있다. 아마도 이주정이 죽기 전에 보백당의 증직을 위한 여론이 이미 형성되어 초고를 작성했던 것은 아닌가 싶다. 상소가 올라가자 이조에서 회계回啓를 올린다. 그때 당시 이조판서가 김병학이었다. 그리고 조정에서 증직교지가 내려왔다. 증직이 이루어지자 분황焚黃과 신주개제를 시행해야 했다. 분황은 선조의 무덤 앞에서 증직을 고하는 의식이다. 또 추증된 관직을 신주에 고쳐 써야 하는데 여기에도 의절과 고사告辭가 필요하다. 그래서 표에서 보이듯이 류치명과 김대진이 각각 이와 관련하여 글을 작성한 것이었다.

그런데 다음 해 1859년(철종 10) 도내 유생들과 진사 류진봉柳進鳳 등이 보백당을 이조판서에 추증해 달라고 다시 상소를 올렸다. 이 상소문은 김병학이 보백당의 방후손 자격으로 작성하였다. 그리고 보백당은 이조판서에 추증되었다. 이때 분황고유문은 퇴계 이황의 10대 종손 이휘녕이 작성하였다. 1868년(고종 5) 보백당은 '정헌定憲'이란 시호를 하사받게 되는데, 시호를 요청하는 시장을 작성한 사람은 곧 경산經山 정원용이다. 당시 보백당의 방후손 김병국金炳國(1825~1905) 등이 시호를 내려 달라고 요청하면서, 시장을 쓰게 된 것이었다. 김병국은 김병학의 동생이다. 시장을 쓴 정원용은 동래정씨 가문에서 가장 많은 인물을 배출한 이조판서 허백당虛白堂 정난종鄭蘭宗(1433~1489)의 12대손이다. 이후 11대조 수부守夫 정광필鄭光弼(1462~1538)·9대조 임당林塘 정유길鄭惟吉(1515~1588)·6대조 양파陽坡 정태화鄭太和(1602~1673) 등의 계보를 이어 왔으니 가문의 위상을 더 이상 말하지 않아도 될 것이다. 자신의 선조들이 험난한 정치적 소용돌이 속에서도 처신을 잘하며 고위 관직을 계속 유지했듯, 그 역시 모나지 않은 성품과 높은 학식을 바탕으로 20년이 넘는 세월 동안 정승의 자리에 여러 차례 오르며 평탄한 관직생활을 누렸다. 당시 정치적으로도 학문적으로도 이름이 높았던 그가 시장을 쓴 것에 대해 나름의 의미를 부여할 수 있다. 그 밑바닥에는 세월이 흘러도 변함없는 보백당 학덕에 대한 인정, 인맥에 개입된 보백당 가문의 지위, 보백당 선조를 추모하기 위한 후손들의 끊임없는 노력 등이 깔려 있기 때문이다. 보백당의 묘갈 개수와 관련하여 류도성과 김흥락이 고유문과 추록을 썼으며, 이돈우가 외예손으로서 신도비명

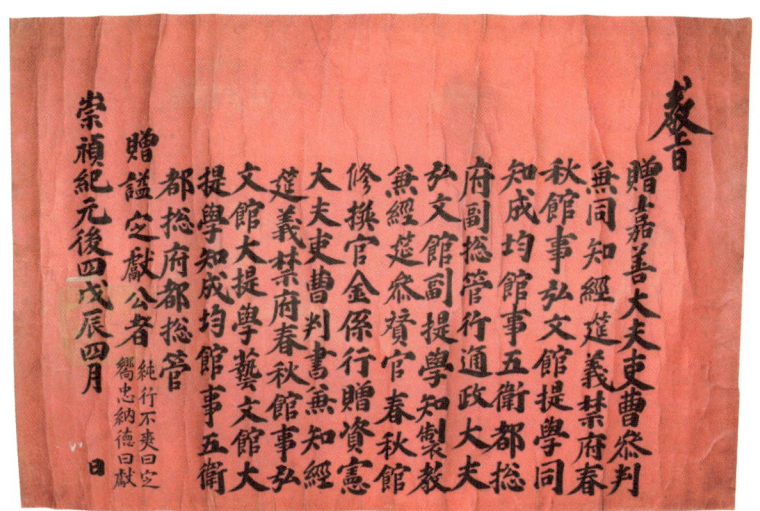

보백당이 1868년(고종 5)에 하사받은 시호교지

을 쓴 것은 앞에서 말한 바 있다.

　권4에는 보백당과 응계를 향사하기 위해 세운 청덕사와 묵계서원 그리고 서원 내 건물들과 보백당이 만년에 은거했던 만휴정 등 건축물과 관련된 글들이 주로 수록되어 있다. 건물에 관한 이야기는 뒤에 다시 말할 것이기에 상술하지는 않는다. 다만 이 건축물들의 창건과 중수 과정에 역시 지역의 대표적 학자들이 개입하여 기념적인 글을 썼다는 점을 눈여겨봐야 할 것이다.

2. 종가의 고서와 고문서

보백당이 임종 시 자질들을 불러 모아 놓고 유훈을 남기며 읊었다는 시구절은 유명하다. '보백당寶白堂'이란 호도 여기에서 뜻을 취하였다 한다. 자손들이 그의 유훈을 지키고자 노력해 온 시간 동안 이 구절은 늘 보백당과 자손들을 매개하는 상징이었으리라.

우리 집에 보물이란 없으니 　　　　　　　吾家無寶物
보물이 있다면 오직 청백뿐 　　　　　　　寶物惟淸白

지난 2009년 11월 보백당종가는 이 시구절이 쓰인 현판을 포함하여 고서 및 고문서 993점을 한국국학진흥원에 기탁하였다. '지신근신持身謹身 대인충후待人忠厚'의 구절이 쓰인 현판도 함께 기탁되었는데, 이 또한 보백당이 말년에 남긴 유훈이다.

현판(한국국학진흥원 소장)

너희들이 연달아 과거시험에 합격하니 또한 다행한 일이라 할 것이다. 향 내 사람들은 혹 내가 복이 많다고 하겠지만 나는 집안의 번창함이 두려울 따름이다. 너희들은 몸가짐을 삼가고 남을 대함에 진실하고 순후하게 하여 경박한 일로써 죽어가는 늙은이를 욕되게 하지 말아라.(汝輩連占科名, 亦云幸矣. 鄕人或稱吾福厚, 而吾則只增盛滿之懼. 汝曹持身謹愼, 待人忠厚, 勿以輕薄忝垂死者老翁.)

보백당의 유훈을 현판에 새겨 보관해 온 것은 자손들이 그것을 지키고자 노력해 왔다는 산 증거일 것이다. 자손들은 가훈처럼 걸어 두고 마음에 새기며 자신의 자식들에게 또 손자들에게 선조의 유훈을 계승해 왔다.

　　종가가 보관해 온 고서에는 『구경연의九經衍義』・『당시요선唐詩要選』・『사문초事文抄』 등이 있다. 『구경연의』는 회재 이언적李彦迪(1491~1553)이 말년에 유배지 강계에서 집필한 책으로 『중용』에 담긴 구경九經의 의미를 여러 경전의 설을 인용해 부연한 것이다. 이언적의 손자 준浚이 1583년(선조 16)에 류성룡의 발문을 첨가하여 목판본으로 처음 간행한 후 몇 차례 재간행되었던 책이다. 『당시요선』은 필사본이다. 종가의 누군가가 작시 공부를 위해 주요 작가들의 한시를 선별하여 체계적으로 정리해 놓은 것으로 보이는데, 언제의 기록인지는 정확하지 않다. 당시뿐만 아니라 주자朱子, 육구연陸九淵 등이 지은 송시宋詩도 함께 필사해 놓았다. 이러한 한시선집의 필사는 당시 선비들의 공부 문화를 읽는 데에 중요한 척도를 제공한다. 작시作詩는 선비들의 세계에서 필수불가결의 능력이었기 때문이다. 직접적으로는 과거 합격과 관직진출을 위해, 간접적으로는 문인들과의 교유를 위해 작시 능력은 꼭 필요했다. 그러나 주요 작가들의 개별 문집을 다 섭렵하기는 불가능했기에 당시 선비들은 작시 공부를 위해 이러한 선집 형태의 책을 많이 애독하고 또 독자적으로 선별 정리했던 것이다. 이렇게 연마한 능력으로 그들은 또한 지역에서 시회詩會를 개최하며 각자의 실력을 드러내기도 했다. 보백당종가의 선비들도

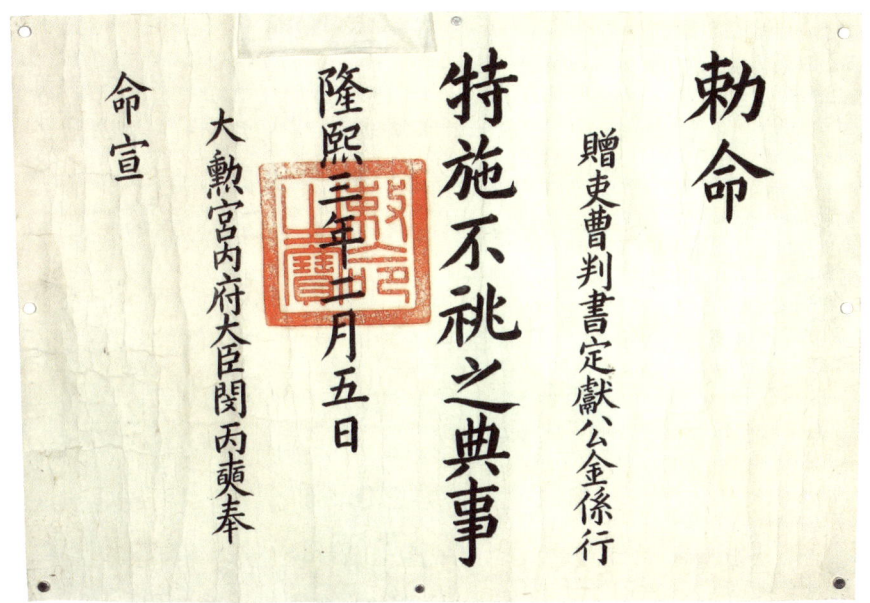

불천위교지(한국국학진흥원 소장)

만휴정에서 지역의 문인들과 함께 모여 시회를 자주 열었다.

 고문서에는 교지·제문·행장 및 비문류·만사·시문·간찰 등이 있다. 교지는 대부분 보백당과 관련된 것으로 시호교지諡號敎旨와 불천위교지不遷位敎旨, 추증교지追贈敎旨 2점과 관직임명에 따른 교지 4점이 있다. 나머지는 아들 극인의 것 1점, 보백당 부인의 것 2점이다. 이 중 불천위교지는 특히 눈여겨볼 만한데, 그 사례가 매우 드물기 때문이다. 보백당은 1909년(융희 3)에

불천위에 봉해졌다. 김극인의 교지는 1519년(중종 14)에 효력부위
效力副尉 벼슬에 임명된 것이다.

　　제문은 400여 점 정도인데 종손의 제사에 주위에서 보낸 제
문과 종손들이 다른 이를 위해 쓴 제문들이다. 이 중에서도 난포
김학규 및 그 아들 창진에 관련된 제문들이 대종을 이루는데, 이
는 근대 안동지역 유림들의 관계 기반과 실용문자 중심의 근대
한문학 양상을 생생하게 보여 준다는 점에서 일정한 의미를 내포
한다. 제문은 가까운 이의 죽음에 직면하여 지어지는 글이기에,
슬픔이라는 인간의 원초적 정서를 잘 드러낼 수 있는 문장 양식
중 하나이다. 더불어 제문은 유교사회의 관습적 문학 전통에 근
간을 두고 일정하게 양식화된 틀을 활용한다. 제문의 이러한 특
성을 염두에 두고 제문들에 접근하면 뻔한 양식의 뻔한 내용이라
는 시각을 벗어나 그때 당시 유교문화의 한 단면을 볼 수 있게 된
다. 더욱이 근대는 전통의 지속과 변용이 복잡하게 얽혀 돌아가
던 시대이다. 변화와 개혁의 물결이 휩쓸고 있던 그때 지역에서
는 당연한 듯 전통을 유지하고 있었던 것이다.

　　위암韋庵 김정섭金鼎燮(1862~1934)이 안동 풍산읍 오미리에 거
주하며 1920년부터 1934년까지 자신의 일상을 기록한 일기에 보
면, 당시 사족들 간의 제문 작성과 관련된 일화들이 빈번하게 등
장한다. 대표적 사례로 1929년 8월 26일의 기사에 김정섭과 자주
교류하며 친분을 나누었던 승학이라는 인물이 석포石浦에 사는

우헌于軒 어른의 제문을 억지로 요청해 받아 갔다는 이야기가 나온다. 김정섭이 석포 우헌 어른이라 말한 사람은 곧 이수악李壽岳(1845~1927)으로 존재存齋 이휘일李徽逸(1619~1672)의 8세손이다. 자는 치숭致崇, 호는 우헌于軒이며, 본관은 재령載寧이다. 이수악은 일찍이 가학을 이어받아 경사經史에 밝았으며 문장으로도 이름을 떨쳤다. 억지로 요청해서 받아 갔다는 것은 김정섭이 자신의 능력을 낮추며 겸손한 자세로 먼저 사양했지만 굳이 부탁하여 결국 받아 갔다는 의미다. 제문을 요청하는 쪽에서는 죽은 사람의 지위를 높일 수 있도록 작성자의 실력과 명망을 당연히 고려한다. 더불어 제문을 쓰는 사람은 죽은 사람의 지위에 따라 자신의 위치를 검증받기도 한다. 제문 작성 뒤에 깔린 이러한 배경을 읽게 되면 누군가를 위해 여러 사람이 쓴 제문들이 사실 문중·학맥에 기초한 인맥 네트워크를 형성하며 당대 교류 집단의 일면을 보여 준다는 것을 알게 된다. 난포 김학규가 어떤 이를 위해 제문을 썼으며, 후가厚稼 김창진을 위해 어떤 이들이 제문을 썼는지 눈여겨볼 만한 이유가 바로 여기에 있다.

만사는 190여 점이 있는데, 제문과 마찬가지로 김학규 및 김창진과 관련된 것들이 대부분이다. 만사 역시 죽음과 관련하여 쓰는 글이기에 제문과 비슷한 양상을 나타낸다. 제문과 만사를 모아서 제만록祭輓錄을 엮기도 하는데, 그 대상 인물의 지위와 명예를 입증하는 동시에 선조의 죽음을 보다 아름답게 남기려는 자

維歲次辛巳二月朔日乙巳節
近教石堧處士永嘉權公諱丙燮之日世下生安東金昌鎭謹具果
脯於萬夕再拜敬奠于

凡延之前日列文祖漢眉若愚老甲錫無違及公斯所不失算
色矣之家之惟日可見服南父師餘刀則以斯文仔肩吾儒知是
名場塗炭瑞堂処與八座之皐無窩不出寶槅是堅時石反就絕
墨尺寸員工烔曠老栖風寒潭奇淸簡寶公孫屬堂謀行萬評
目櫃禹金苔光予地德史手道我則難職由爲評口謂行責惠
乾茶趁渡淸言話實宜在天廐關選不遺程氏自歎伊限爲萬石
反茨白重泉起諸遺鉄戦、祖泓敖奠酒奠伏惟
尊靈尙饗徵臆淸于痛哉志
　　　　　　　　　　　饗

김창진이 석오 권병섭(1854~1939)의 종상 때 쓴 제문(한국국학진흥원 소장)

公曾謂我死同時蕩地
公何反我欺　寶白遺徽
三百載金丹修煉八旬期
尋常謹拙成規範造次敦
溫沒畔涯況復義我方詩禮
富浮何榮必事功爲
　　　　　挽
平生友永嘉權秉燮甬天

석오 권병섭이 김학규의 죽음을 위로하며 쓴 만사.
석오는 김흥락의 제자이며 김학규와 오래 교류하였음(한국국학진흥원 소장)

追步蘭圃弟壽延韻
紺髮重逢玄戰年方塘游月再生
圖金丹壽訣集冊渡 寶白休光十
世萬俾媛俾昌多子地宜醱宜餘
自中天唐皇室節今無聞草野
謾吟僑斗篇
臺第恬和六十年紗曹一事慍方
圖荊花日煖春園裏語樑星羅彩
舞爲也今壽域皆平地姑覽仙鄕
不立天朋居華延遐一醉巳吟卿
續郢門篇
辜孱中柳潤棹拈稿

류연즙이 난포 김학규의 수연을 축하하며 보낸 시. 류연즙은 난포의 행장을 기록하기도 했음(한국국학진흥원 소장)

만휴정에서 개최한 시회 문서 중 일부분.
보백당 종손 난포 김학규, 광산김씨 예안파 종손 동주 김기동(1874~1930), 석오 권병섭, 권병섭의 외숙 운하 김구연, 쌍간 김익락 등이 모여서 陽·長·蒼·觴·香의 운자를 가지고 서로 화답하여 시를 지은 후 각각의 시를 기록하였음(한국국학진흥원 소장)

손들의 뜻이 담긴 것이다.

　시문에는 근대에 지어진 것으로 보이는 시와 기문의 초고가 많다. 이 중 만휴정과 묵계서원 등에서 시회를 열고 작성한 문서들이 적지 않아 눈에 띈다. 또 당시 지역 유생들이 난포 김학규의 수연을 축하하며 보낸 차운시들도 다량 포함되어 있다. 조선시대 선비들에게 작시作詩 능력이 필수적이었던 이유는 한시가 대표적 사교수단이었던 점도 크게 작용하였다. 그들은 때때로 자신들의 감정조차도 한시로 표현하여 주고받을 정도였으며, 대개는 가문·학맥·당파의 범위 안에서 자신이 교유하는 이들과 화차운和次韻을 통해 서로 간의 관계를 다지기도 하였다. 이러한 문학적 관습은 근대까지 지속되었는데, 특히 변혁의 시대에도 보수를 고집했던 영남지역에서 활발하였다. 정자 건축 및 이건, 수연壽宴 등의 행사에는 한시 차운이 꼭 빠지지 않았고, 시회를 개최하여 회포를 풀고 시작詩作을 겨루는 일이 다반사였기 때문이다. 시회에서는 운자를 정한 후 불러 주면 여러 사람이 그 운자로 한시를 짓는데, 시회에서 작성된 참가자들의 시고詩稿의 경우 대개 제일 앞에 모임을 지칭하는 간단한 제목과 운자를 쓴 후 그 뒤에 사람별로 시를 기록하고 각자의 시 끝에 누군지를 표시하는 호나 자를 쓴다. 그러나 호나 자만으로는 시회 참가자들의 신상을 추적하기가 쉽지 않기에, 시회의 면모를 자세히 파악하는 것 또한 쉽지 않은 것이 사실이다.

제4장 묵계의 풍경, 공간의 미학

1. 세월을 견뎌 온 종택의 모습

　　종택의 위치와 내력에 대해서는 이미 앞에서 이야기하였다. 여기에서는 그 세월을 딛고 지금까지 이른 종택의 모습을 구석구석 들여다보기로 한다.

　　종택은 대문간인 행랑채, 사랑채, 안채, 가묘, 별채 등으로 구성되어 있다. 행랑채는 솟을대문을 중간에 두고 정면 5칸, 측면 1칸의 맞배지붕집이다. 행랑이란 대문 양쪽 또는 문간 옆에 있는 방을 말하는데, 이곳에는 대개 노비들이 거주하였고 혹 창고로 쓰기도 하였다. 대문을 들어서면 일정한 거리를 두고 정면에 사랑채가 보인다. 대문과 사랑채 사이에 있는 마당에는 꽤 넓은 공간의 정원이 놓여 있다. 말끔하게 가꾸어져 있어 철마다 다른 느낌으로 보는 이의 눈길을 사로잡는다. 전통 고가의 사랑채가 모두 그렇듯이 사랑채는 남자들만의 공간이다. 종손은 이곳에서 주로 기거하며 외부 손님들을 맞이하였고, 또 독서나 자녀 교육과 같은 일상을 영위하였다. 접빈객을 중요시하며 정성껏 실천했던 만큼 대문과 사랑채가 마주보며 서 있는 것은 당연해 보인다. 오는 손님을 잘 보려는 의지가 건축에 투영된 것이 아니겠는가. 사랑채 처마 밑에는 묵은재默隱齋와 용계당龍溪堂이라는 편액 두 개가 나란히 걸려 있는데, 모두 동농東農 김가진金嘉鎭(1846~1922)의 글씨이다. 용계는 8대 종손 김중망의 호이다. 김가진은 조선 말기 문신으로 본관은 안동 곧 보백당의 방후손이다. 한학과 서예에 뛰어났으며, 나중에는 독립운동가로 활동하였다.

사랑채 옆에는 안채로 들어가는 출입구가 있다. 출입구에 들어서면 안채 마당이 소박하게 펼쳐진다. 그리고 정면에는 안방이, 오른쪽에는 부엌이 위치함을 볼 수 있다. 바깥쪽의 사랑채와 뒤쪽의 안채는 ㅁ자형으로 연결되어 있는데, 정면 6칸, 측면 6칸의 크기이다. 사랑채가 남자들의 공간이듯 모든 안채는 여성들의 주된 생활공간이었으므로, 위치상 대문으로부터 가장 안쪽인 북쪽에 위치하고 있다. 이러한 구조에서 여성들이 남편이나 친척 외의 남성들을 쉽게 접하지 못하도록 외부와의 출입을 제한했던 관습을 엿볼 수 있다. 이곳에서 종부를 비롯한 종가의 여성들은 대부분의 일상을 보내며, 손님 접대나 제사를 위한 음식도

사랑채 전경과 사랑채에 걸린 편액

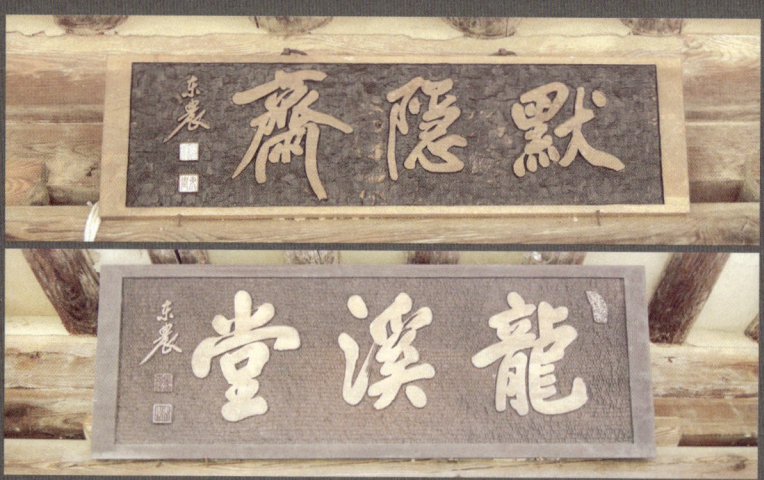

묵은재(위), 용계당(아래)

마련한다. 현재는 여러 가지 사정상 종손이 종택에 기거하지 못하고 일이 있을 때만 돌보는 상황이 되었기에 안채가 잠겨 있다. 그러나 불천위 제사 때만큼은 어김없이 안채가 분주하다. 급변하는 시대에 살다 보니 전통을 지키고자 노력해도 어쩔 수 없이 조금씩 변하기 마련이다. 그렇다 보니 불천위 제사의 규모도 많이 축소되어 지금은 제관이 6~70여 명 정도인데, 차종부가 처음 시집왔을 때는 제관이 300여 명에 달했다고 한다. 생각해 보라, 제사 음식 준비에 이 많은 손님들을 맞이하기 위한 종부의 분주함을. 이 날은 주변 지역의 친척들이 음식 준비를 도와주러 와서 안방부터 건넌방까지 꽉 찬다고 한다.

안채에서 나와 오른편으로 돌아보면 별채인 보백당이 서 있다. 보백당은 정면 3칸, 측면 2칸 규모의 홑처마 팔작지붕이다. 좌측에 4칸 대청과 우측에 2칸 온돌방으로 구성되어 있다. 지붕 아래에 '보백당' 편액이 걸려 있는데, 이 역시 김가진의 글씨다. 대청의 측면과 배면은 바라지창을 달았는데 여닫이창이 일반적인 데 비해 보백당은 미닫이로 한 것이 특징이다. 대청에는 「보백당중건상량문寶白堂重建上樑文」과 「보백당중수기寶白堂重修記」의 편액이 걸려 있다. 상량문은 류연즙이 1915년에 지은 것이고, 기문은 외예손이라 밝힌 이만규李晩煃(1845~1921)가 지은 것이다. 기문에는 날짜가 쓰여 있지 않지만 대개 상량문 작성 시기와 비슷할 것이다. 류연즙이 지은 상량문은 그의 문집인 『범암문집』에도

사랑채 쪽에서 바라본 보백당

수록되어 있다. 이만규는 자는 순칙順則, 호는 류천柳川, 본관은 진성眞城으로 향산 이만도李晩燾(1842~1910)의 동생이다. 일제강점기 때 독립운동가로 활동하였다. 「난포공행장」에 의하면 보백당을 건립했던 것이 병오丙午 1906년이었으니, 약 10여 년 뒤에 중수가 한 번 있었던 것으로 보인다. 이때 중건상량문과 중수기문이 지어졌을 것이다. 종가에서는 보백당을 조상의 제사를 받드는 제청祭廳으로 사용하고 있는데, 이것은 15대 종손 김학규가 묵계로 종택을 옮기면서 집안에 보백당을 건립했던 뜻과 부합한다. 류연즙이 기문에서 "이에 난포(김학규) 자손이 있어 항상 선조를 사모하는 마음이 간절하더니 곧 새로 거처하는 곳에 새집(보백당)을 지었다. 이 어찌 태축太祝 봉례奉禮의 제청을 넓히려고 한 것이겠는가. 잇따라 옛 호칭(보백당)으로 옛 편액을 거니 진실로 후손들이 조상의 제사를 정성스럽게 지내기 위해서이다"라고 하였기 때문이다. 이 말인즉 김학규가 별채의 보백당을 지은 것은 집을 화려하게 하기 위해서가 아니라, 단지 조상을 사모하는 간절한 마음으로 제사를 보다 정성스럽게 드리기 위해 별도의 공간을 마련했다는 의미인 것이다.

가묘는 대문에서 본채를 바라보고 섰을 때 그 왼편 뒤쪽에 위치한다. 정면 3칸, 측면 2칸의 규모로 홑처마 맞배지붕이다. 삼문을 가운데로 한 낮은 담장에 둘러싸여 있다. 내부에는 정면 뒤쪽 벽체에 공간을 만들고 문을 낸 벽감 형태의 신주 감실을 설치하였다. 제일 오른쪽(의례상 서쪽)에 불천위를 모시고 그 옆으로 고조고위, 증조고위, 조고위, 고위를 순서대로 모시고 있다. 현실적 여건이 많이 달라졌기에 제사의 방식도 조금씩 변화하였다. 난포 김학규가 보백당을 건립한 뜻은 절실하고 감동적이었지만, 그것을 오로지 지키며 계승하는 것을 세태의 변화가 허용하지 않았다. 종손들이 밖으로 진출함에 따라 묵계에 온전히 거주하며 종택을 가꾸고 돌보는 것이 쉽지 않아졌기 때문이다. 따라서 4대 봉제사는 현재 종손이 거주하고 있는 대구에서 지내고, 명절 차례는 이 가묘에서 지내며, 불천위 제사는 보백당에서 지내게 되었다.

    세월 따라 변하는 것이 당연한 이치이다. 빈객으로 늘 북적였을 종택은 현재 명소를 찾는 외부 관광객들의 발길 정도만 머무르는 고즈넉한 분위기에 잠겨 있다. 그래도 종가의 전통을 지키려는 노종손과 차종손의 노력으로 매년 때가 되면 어김없이 음식 준비로 안채가 들끓고 가묘 문이 열리며 보백당에서는 불천위 제사가 설행된다.

2. 자연과 인공의 완벽한 융합, 만휴정

얼마 전 방영된 「공주의 남자」(2011)라는 드라마가 있었다. 수양대군의 딸과 김종서의 아들의 운명적 로맨스를 그린 것인데 꽤 인기가 좋았다. 그런데 이 드라마에 두 사람의 데이트 장소로 만휴정이 등장했다. 만휴정으로 들어가는 좁다란 다리 위에서 한복을 입은 두 남녀가 손을 맞잡고 있는데, 수목이 우거진 뒤편으로 정자가 살짝 보이는 것이 마치 한 폭의 동양화같이 보였다. 그리고 만휴정 앞 평평한 너럭바위 위에 다정하게 앉아 멋진 분위기도 연출하였는데, 만휴정이 익히 명소로 각광을 받아 왔던 것은 사실이지만 보백당의 자취가 주는 이미지와 사뭇 다른 느낌을 자아내는 것이 매우 신선하였다. 만휴정 일대는 오래전부터

만휴정과 만휴정으로 들어가는 다리

시인 묵객들의 단골 답사 코스이며, 특히 화가들과 사진작가들에게 진작부터 사랑을 받아 왔던 곳이다. 만휴정은 원래 경상북도 문화재자료 제173호로 지정받은 지방문화재였으나 2011년 5월 23일 문화재청이 만휴정 일대의 산림들을 명승지로 등록하여 지방문화재에서 국가문화재로 승격되었다.

　만휴정은 정면 3칸, 측면 2칸의 규모로 정자 앞쪽이 개방된 누마루 형식이다. 누각 주위 3면으로는 계자각 난간이 둘러져 있다. 지붕은 홑처마에 팔작지붕으로 처마선이 날렵하여 정자의 멋을 한껏 드러내고 있다. 뒤쪽 양편에는 온돌방을 두었는데 독서와 학문하는 공간으로 활용했을 것이다. 앞쪽 전체를 그대로 개방하여 툇마루를 만든 것은 정자 앞에 펼쳐진 계곡의 너럭바위와 그 위로 흐르는 물길, 그리고 그 아래로 떨어지는 폭포의 장관을 맘껏 감상하게 하기 위해서이다. 이곳에서 보백당은 만년에 독서와 사색을 즐겼다. 이후 후손들을 비롯한 지역 유림들은 만휴정을 시회와 강론의 공간으로 삼았다. 정자에는 김양근이 쓴 「만휴정중수기」와 김양근, 김굉, 이돈우, 류도원柳道源, 김도행金道行, 정박 등이 쓴 시판이 걸려 있다. 또 보백당의 유훈인 '오가무보물吾家無寶物 보물유청백寶物惟淸白'과 '지신근신持身謹身 대인충후待人忠厚'도 게판 되어 있다.

　우리나라에서 누정은 전통과 현재를 이어 주는 상징적 피조물로서 의미가 깊다. 현존하는 누정들은 지나간 역사의 현장으로서, 선인先人들의 당시 생활 일부를 지금의 우리에게 전달하기 때문이다. 고려시대에 국가와 사찰에서 누정을 건립하기 시작한 이래 조선시대에 이르러 관청은 물론이고 개인의 사적인 누정 건축 경영이 확산되면서 전국 곳곳 특히 자연 풍광이 아름다운 곳에 누정이 부지기수로 설립되었다. 누정을 세우는 목적은 다양하다. 관청에서는 지역 민심을 살피기 위해, 또는 먼 길을 오가는 관원들을 위로하거나 접대하기 위해 주로 설립하였고, 사대부들은 산수 감상과 휴식처를 위해, 또는 종회宗會·동회洞會 등과 같은 계모임과 문인 집단의 교류를 위한 모임의 장소로서 주로 설립하였다. 그래서 누정은 관청의 각종 행사 장소, 교유 집단의 형성 근원지, 제영題詠을 통한 문학적 교감의 장소 등 여러 가지 기능성이 부각되어 각종 양상으로 존재해 왔다. 시대별로 누정 건립과 경영은 그 면모를 달리해 왔는데, 19세기 후반에 이르면 대체로 향촌사회의 재지사족이 학덕이 출중한 선조의 업적을 선양하여 가문의 사회적 지위와 권위를 견고히 하기 위해 세우는 일이 많아졌다. 조선 중기에 지방의 사림문화가 발달하고 사대부의 산행山行이 학도學道의 방편으로 수용되면서 산수자연에 대한 미의식이 확산 제고됨에 따라 그 중심에 누정이 있었던 것과는 많은 차이가 생긴 것이다. 이러한 시각으로 접근하면 만휴정은 건축 형태·건축 위치·건축 시기와 내력·건축을 주도한 인물에 의해 그 나름의 독자적 의미와 가치를 내포하게 된다. 소박하지만 밋밋하지 않은 건축미를 자랑하며, 자연과 융화된 친환경적 모습으로 오랜 시간 존재해 온 그 자체가 이미 특별한 것이 아니겠는가. 위치와 내력에 대한 부분은 앞에서 상술하였으니 생략하기로 한다.

시판들을 살펴보면 정자를 찾는 문인들이 정자에 걸린 시에 차운하여 지었거나, 또는 시회와 같은 모임에서 동료 문인들과 함께 화답하며 지은 것들이어서 만휴정이 역사 속에서 어떤 공간으로 작용했는지 그 실체가 충분히 드러난다. 또 보백당의 자취가 서린 만휴정이 당시 지역 유림들에게 어떤 의미로 작용했는지도 충분히 알 수 있다. 먼저 「경술년(1790) 봄 3월 송암폭포 위에 노인과 젊은이 모두 모였으니 마침내 졸렬함을 잊고 삼가 시를 써서 올린다」라는 제목의 시판이 있는데, 아마도 당시 중건을 주도한 김덕일이 완공식을 거행하며 쓴 것일 듯하다. 류도원柳道源(1721~1791)의 시는 「만휴정은 곧 선생이 휴식하던 곳인데 본손 동도東道(金德一)가 중건한 것이다. 갑진년(1784) 여름 나는 여러 원로들과 함께 올라가서 바라보고 축하하는 뜻으로 오언율시를 써 주었다」라는 제목인데, 이는 김덕일이 공사를 거행하기 전 중건의 의론을 모을 때 류도원이 여러 원로들과 함께 그 뜻을 격려하며 써 주었던 시로 보인다. 이때 정박鄭璞(1734~1796) 또한 류도원과 함께 올라 시를 화답했었는데, 「여러 원로들의 시에 화답하다」(和諸老韻)라는 제목과 그 운자에서 당시 상황을 유추해 볼 수 있

류도원이 쓴 시의 현판

정박이 쓴 시의 현판

다. 김굉金㙆(1739~1816)이 쓴 시는 「묵계서원에서 문회文會가 있던 날 저녁 원장 이치춘 형과 함께 송암폭포에 갔는데 이미 여러 시들이 있어 졸렬함을 잊고 삼가 차운한다」라는 제목이고, 김도행金道行(1728~1812)의 시는 「삼가 앞의 운에 차운하다」라는 제목이어서 앞의 시운에 차운한 것들이다. 만휴정이 중건된 뒤 정자를 찾아갔다가 앞의 선배들의 시에 차운한 것으로 보인다. 김굉이 함께한 이치춘 형은 면암俛庵 이우李堣(1739~1811)를 가리킨다. 치춘은 그의 자字로, 당시 묵계서원 원장을 지내고 있었던 것 같다.

김양근(1734~1799)의 시는 「만휴정은 곧 보백당 방조의 옛터이다. 지금 바야흐로 새롭게 지어 경물의 면모가 일신하였으므로 절구 3수를 읊는다」라는 제목이다. 중건이 완성된 직후에 쓴 것인데, 만휴정을 찾았던 문인들이 그의 시에 차운한 사례도 적지 않다. 걸려 있는 시판 중에는 이돈우(1807~1884)의 작품이 김양근의 시에 차운한 것인데, 제목은 「무진년(1868) 여름 선생께서 시호를 받으셨을 때 김맹실・김사행・류계호와 더불어 정자 현판의 시에 삼가 차운하다」이다. 맹실은 김광수金光壽(1801~1871)의 자이며, 만휴정에는 걸려 있지 않지만 그의 문집 『귀음집龜陰集』에 「만휴정 현판의 시에 차운하다」라는 제목의 시가 수록되어 있다. 김광수는 호가 귀음龜陰, 본관은 의성義城으로, 류치명의 제자이다. 류계호는 류치호柳致鎬(1800~1862)를 가리킨다. 류치호는 자가 탁수濯叟, 호가 동림東林, 본관은 전주全州로 역시 류치명의 제자

이돈우가 쓴 시의 현판

이다. 이돈우는 보백당이 시호를 하사받은 1868년에 학문 동료들과 함께 만휴정을 찾았다가 현판에 쓰인 선배 김양근의 시에 차운했던 것으로 보인다. 이날의 일에 대해 김광수는 옥여회玉汝晦에게 편지를 쓰기도 했다.

> 일전에는 묵계서원 원장과 함께 술병을 들고 만휴정에 올랐었네. 흰 바위 푸른 냇물이 풍광이 자못 뛰어나 문득 고뇌를 잊을 만했었다네. 잇따라 여러 친구들과 현판에 쓰인 절구 3수에 차운하고, 또 사련士鍊 형(金養範, 1802~1879)과 계호季好 형(柳致鎬) 그리고 5~6명의 동지들이 뒤이어 화답한 시편을 얻어서 합하여 한 축으로 만들었으니, 그날 산중에서 있었던 일을 갖추

어 둘 수 있을 걸세.

김광수의 「贈玉舜汝(汝晦)」 중에서

이러한 사례들은 만휴정이 지역 문인 집단의 교류 공간으로서 그에 곁들인 시회 모임이 꽤 활발하게 열렸던 것을 반증한다.

김양근은 시에서 만휴정과 그 주변의 아름다운 풍경을 원근의 기법으로 묘사하고 있다. 시를 음미하고 있노라면 산길을 따라 만휴정까지 걸어가는 듯한 느낌을 받게 된다. 산 입구에서 조금만 걸어 들어가면 보이는 송암폭포의 전경, 그리고 좀 더 올라가서 만휴정 앞에 서면 넓게 펼쳐지는 너럭바위, 좁은 다리를 건너 만휴정에 올라가서 보게 되는 산의 경치 등의 순서대로 차례차례 읊고 있는 것이다. 다소 독특한 자연환경에 입지한 만휴정의 풍경이 시에 그대로 녹아 감성을 자극한다.

층층이 급한 물살 떨어지더니,	層層投急水
물 모이는 곳 절로 가마솥을 이뤘구나.	滙處自成釜
열 길 높이의 옥빛 같은 푸른 물길,	十丈青如玉
그 속에 신물神物이 있으리라.	其中神物有
폭포와 연못은 오히려 때때로 있고,	瀑淵猶或有
너럭바위가 가장 크게 보이는구나.	盤石最看大

김양근이 쓴 시의 현판

| 희디 흰 것이 갈고 닦은 듯하니, | 白白如磨礱 |
| 백 사람쯤은 앉을 수 있으리라. | 百人可以坐 |

난간 앞에 세 가마솥 모양의 연못이 둘러 있어,	檻前三釜繞
시흥詩興이 정자 위를 날아갈 듯.	詩興翼然亭
흐드러지게 핀 꽃들 웃음을 다투니,	爛漫花爭笑
온 산이 그림에 잠긴 듯한 형세구나.	一山畵蘸形

종가의 고문서에서 보기도 했듯이 근대 한학자들도 만휴정에서 시회를 자주 열어 자신들의 교류 공간으로 활용하였다. 15대 종손 김학규와 교유했던 권병섭은 그와 함께 만휴정에 올라

술을 마시며 놀았던 이야기를 담아 「유만휴정기遊晩休亭記」를 찬술하였다. 이 기문은 그의 문집인 『석오집』에 수록되어 있다. 또, 김상수金常壽(1819~1906)의 문집 『지려집芝廬集』에도 「근차만휴정판상운삼수謹次晩休亭板上韻三首」와 「만휴정수계운晩休亭修禊韻」이 수록되어 있어 이러한 활동을 더욱 입증한다. 김상수는 자가 계항季恒, 호는 지려芝廬, 본관은 의성으로, 김대진金岱鎭의 문하에서 수학하였다. 김광수가 족형族兄이고, 이가순李家淳·이휘양李彙陽 등과 교유하였다. 김흥락과 스승 김대진의 유집을 고정考訂하기도 했다.

3. 묵계서원에 포개어진 시간의 기억

묵계서원이 어떻게 지어졌고 누가 향사되었는지에 대한 이야기는 앞서 했다. 보백당종가를 말하면서 묵계서원을 굳이 함께 거론하는 것은 물론 보백당이 배향된 시원이라는 것이 근본적 이유이겠지만, 그보다 서원의 위치가 묵계이며 더불어 서원의 성쇠의 역사에 보백당종가의 사람들이 물심양면의 차원에서 매우 적극적으로 개입 주도해 왔기 때문이다. 지금의 서원 모습은 그들이 쏟아 부은 각고의 노력이 맺은 결실이기도 하다. 1870년(고종 5) 서원훼철의 국령으로 인해 묵계서원 역시 황폐화되었다. 이로부터 20여 년 뒤인 1895년(고종 32) 지역의 사림들이 뜻을 모아 그 터에 몇 칸 건물의 강당을 지어 서당이라 부르며 공부와 강론의 공간으로 명맥을 유지하였으니, 그나마 다행스러운 일이었다. 이후 서원복설령이 내려졌으나 큰 공사에 대한 부담으로 진행하지 못하다가 지금 노종손, 즉 19대 종손이 주도하여 결국 1998년에 복원을 이룩했다고 한다. 차종손은 서원 복원의 완공을 기념하는 행사에 손님이 2,000여 명이나 참석했다고 말해 주었다. 종가에서 예상한 손님은 800명 정도였는데, 두 배가 넘는 인원이 참석했던 것이다. 난감해진 손님 접대 때문에 그야말로 정신없던 날이었다고 회상했다. 그만큼 유림이 주목하는 행사였기 때문이었다.

일반적으로 서원 건물의 기본 배치는 일정한 중심축을 설정하여 그 축선상에 전면으로부터 문(2층 누각, 평대문이나 솟을대문)·강당·사당순으로 배치하고 강당 앞에는 좌우로 재실을 건립하여 교생들의 기숙처로 활용한다. 그리고 기타 제기 보관 창고나 장판각, 교직사 등은 주 건물 주변에 적절히 배치한다. 묵계서원 역시 이러한 일반적 형태를 거의 따르고 있다.

먼저 '진덕문進德門'이라 적힌 외삼문을 열고 들어가면 2층 누각인 '읍청루挹淸樓'가 나타난다. 정면 5칸, 측면 2칸의 규모로 내외부 공간의 구별 없이 구조 골격으로만 이루어져 있다. 근래 고택을 활용한 문화공연의 일환으로 묵계서원에서 가끔씩 공연이 펼쳐지는데, 그때 이 읍청루는 주로 무대로 활용된다. 별다른 무대장치 없이도 자연과 하나 된 느낌이 꽤 멋스러움을 자아낸다. 더운 여름 밤 사방이 트인 읍청루 마루에 앉아서 간간이 부는 바람을 온몸으로 맞으면 더위가 몸을 괴롭힐지언정 기분은 청량하리라. 읍청루를 지나면 정면에는 강당인 '입교당立敎堂'이, 오른쪽에는 재실인 '극기재克己齋'가 자리 잡고 있다. 보통 강당을 중심으로 양쪽에 동재 서재 건물이 있는 데 비해, 이곳은 동재에 해당하는 극기재만 있는 것이 특징이다. 대신 강당 왼쪽으로 담장 너머에 서원을 관리하는 건물인 주사廚舍가 위치한다. 강당과 주사 사이에는 작은 문이 나 있는데 두 건물을 드나드는 통로가 된다. 주사는 정면 6칸, 측면 5칸 규모의 口자형 구조이다. 서원 건물 가운데 시기가 가장 오래되었다고 하는데 그 연대가 언제인지는 정확하지 않다.

  진덕문을 들어설 때부터 밟히던 자갈은 서원 내 마당 전체에 깔려 있어 보기에 시원함을 느끼게 한다. 잘그락 잘그락 자갈 밟는 소리를 들으며 강당 앞에 나아가면 '묵계서원'의 현판이 먼저 보이고 그 다음으로 마루 안쪽에 걸린 '입교당' 현판이 눈에 들어온다. 강당은 정면 5칸, 측면 2칸 규모의 겹처마 팔작지붕 건물이다. 가운데 앞뒤 6칸은 마루이고 좌우 앞뒤 2칸은 온돌방으로 이루어져 있는데, 이러한 공간구획은 교육상의 편리를 위한 것이라고 한다. 극기재는 정면 3칸, 측면 1칸 규모의 건물이며, 오른쪽 1칸은 마루이고 왼쪽 2칸은 온돌방으로 이루어져 있다. 강당 뒤로 돌아가면 내삼문이 있고 그 문 너머에 사당인 '청덕사淸德

읍청루

강당인 입교당과 주사. 그 사이에 담장이 있다

祠'가 있다.

이상정은 「읍청루중건상량문」에서 '만물은 이루어지면 곧 훼손됨이 있으니 큰 집이 장차 무너지는 것을 안타까워하고, 기물은 오래되면 새로움을 구하니 아름다운 집이 이미 완공되었음을 축하한다'고 했다. 상량문에서 으레 쓰는 투식이지만, 영고성쇠를 따라 변화를 거듭하는 세상의 이치를 그대로 담고 있는 말이다. 더욱이 건물이라는 것이 아무리 튼튼하다 하더라도 세월이 흐르면 필연적으로 퇴락을 면할 수 없게 된다. 다만 튼튼한 정도에 따라 얼마의 시간을 버티느냐에 달렸을 뿐. 묵계서원이 훼철된 뒤 지금의 모습으로 완전히 복원되기 이전, 서원을 구성하는 각각의 건물들은 창건 이후부터 시간차를 두며 퇴락과 보수를 거듭했다. 그 속에서 파생된 것이 곧 창건 및 중수 복원과 관련된 문장들이다. 기록의 내용으로만 접근하면 이런 글들이야 투식적이고 의례적이라 별다른 의미가 없을지 모르겠다. 하지만 그 안에는 선조의 명예를 보존하려는 후손들의 열정과 노력이 흐르고 있고, 선배 학자의 학덕과 풍모를 추모하려는 후학들의 존경심이 깔려 있다. 더욱이 묵계서원 관련의 기문과 상량문은 안동지역의 대표적 학자들이 시대를 관통하며 작성한 것이라 눈길을 끈다. 청덕사가 1702년에 처음 세워진 이래 1712년에 진덕문·읍청루·입교당·극기재가 완공되어 완전한 서원의 모습을 갖추게 된다. 청덕사 창건 시 상량문은 응계종가의 종손 옥세보가 지었고, 읍청루 창건 시 상량문은 밀암 이재가 찬술하였다. 이후 청덕사는 제산 김성탁(1684~1747) 때에 이르러 중수를 시도하게 되고 그가 중수상량문을 짓는다. 김성탁은 글에서 청덕사를 처음 지을 때 힘이 부족해서 동량棟樑의 자재가 건실하지 못하여 영구한 계획이 되지 못했고 설계가 크고 넓지 않았다고 했다. 시기적으로 보건대 몇십 년 되지 않아 사당이 무너졌던 듯하다. 그것을 좀 더 넓혀 다시 지었던 것이다. 문루인 읍청루도 이상정(1711~1781) 때에 이르러 중수가 이루어졌는데, 비바람으로 인해 건물이 많이 훼손되었던 것 같다. 유림들의 모금을 통해서 그에 알맞게 보수한다고 하였다. 강당인 입교당도 오래지 않아 중수했다. 입교당은 처음 지을 때부터 유림들이 그 협소함을 지적하며 많이들 아쉬워했으므로, 조금 넓히자는 의론을 모아 이때 무너진 것을 보수하였다. 창건 당시의 서원은 힘이 부족하여 구조와 규모가 다소 부실하고 협소했던 것으로 보인다. 이에 각 건물의 중수를 거쳐 18세기 중반쯤 제 모습을 갖추었으며, 그 형태로 계속 보존되다가 19세기 말에 훼철되었던 것이다. 그 역사 속에서 묵계서원은 보백당을 위시한 삼현三賢의 제향 공간으로, 지역 유생들의 교육 공간으로, 안동을 비롯한 영남지역 유림들의 강론과 문회를 위한 교류 공간으로 그 기능을 충실하게 수행하였다. 류도원이 묵계서원에 보관되어 있던 갈암 이현일의 「심진尋眞」시운을 보고는 어떤 모임에서 여러 사람들과 함께 차운하고 그 시들을 기록하여 시축을 만들었던 적이 있다. 여기 그 시를 소개해 본다.

유학의 공부는 참이 있음에서부터 하는 법,
서원에서 책 읽고 공부하며 봄과 가을을 읊었네.
만물 순환의 묘리는 모름지기 물상을 살펴야 하고,
책 속의 아름다운 말은 곧 사람을 만들어 주네.
선배들 교유한 행적 그 향기가 멀리 퍼지니,
후생들의 단란한 문회文會도 그것에 인연해서라네.
강학을 마치고 다시 읍청루에 올라앉으니,
심한 더위에 답답하던 마음 티끌까지 씻기는구나.

儒學工夫自有眞　藏修書院誦春秋
環中妙理須觀物　卷裏嘉言便做人
先輩遊從播馥遠　後生團樂會文因
講餘更上淸樓坐　苦熱煩襟頓滌塵

「묵계서원에 갈암 이현일의 '심진' 시운이 보관되어 있어, 모인 여러 사람들이 차운하였다. 나 또한 졸렬함을 잊고 삼가 차운하여 그들의 시축 끝에 적어 둔다」(默溪書院中留藏葛庵李先生尋眞韻會中諸公次之余亦忘拙敬步置之軸末)

현재 묵계서원은 고택체험행사의 코스로 각광받고 있다. 경북미래문화재단은 묵계서원을 활용하여 '고가에서의 하룻밤',

'고가에서 만나는 특별한 문화공연' 같은 프로그램을 운영하는데, 참가자들이 적지 않다. 현대식을 접목한 퓨전 방식의 전통문화 체험이 인기가 높기 때문이다. 묵계서원은 뒤로 노송들이 우거져 있고 돌담길이 길게 늘어서 있어 주변의 풍광 또한 좋다. 여기에다 매화나무나 백일홍이 피는 계절이면 그 아름다움이 더욱 배가된다. 서원 앞의 길안천과 그 너머 만휴정, 그리고 묵계종택까지 자연과 어우러진 전통건축과 문화의 다양한 멋을 한곳에서 즐길 수 있으니, 들르는 사람의 마음이 설렐 법도 하다. 이것은 묵계서원이 현대에서 거듭나 또 다른 의미로 보존되는 모습이다. 건물에 켜켜이 쌓인 시간의 기억들, 그것은 이렇게 시대에 걸맞게 변화하고 있다.

제5장 보백당종가의 제례와 음식

1. 보백당 불천위 제사

　　제사는 조상과 후손을 정신적으로 연결시켜 주는 의식이자 통로라고 할 수 있다. 제사 설행의 형식적 측면만 중시한다면 그것은 급변하는 현대사회에서 그저 번다한 의례로만 치부될 수도 있다. 그러나 제사문화에 담겨 있는 정신적 가치와 의미를 우리가 제대로 인식한다면 그것은 핵가족 사회의 병폐인 단절과 개인주의 중시 즉 공동체 의식의 결핍을 치유하고 소통과 화합으로 나아갈 수 있는 계기로 삼을 수 있다. 일정한 시공간에서 일정한 제사 의식에 동참하는 사람들은 하나의 제사공동체를 이루게 된다. 이 제사공동체에 속한 사람들은 제수 준비부터 제사 의식, 음복에 이르기까지 제사의 모든 과정을 함께하며 일련의 공감대를 형성하고, 이를 바탕으로 우애와 화목을 돈독히 할 수 있게 된다. 그리고 동일 조상의 후손이라는 혈연적 동질성을 인식하고 혈연 공동체임을 확인한다. 누구를 제향하는 제사인가에 따라 제사공동체의 범위는 다양해진다. 기제와 시제에는 당내堂內를 중심으로, 시조의 묘제에는 전국의 대문중을 중심으로, 입향조의 묘제에는 지역의 대문중을 중심으로, 불천위의 제사에는 파문중을 중심으로 결속하므로 그 범위가 매우 탄력적이다. 이 중 불천위 제사는 근본적으로는 종가宗家의 위상과 정체성을 확립시켜주는 요소로서, 나아가서는 파문중의 결속 기반으로 작용할 수 있다. 세거지를 떠나 전국 각지에 흩어져 살고 있는 후손들은 불천위 선조의 제사를 지내기 위해 거리의 원근을 마다하고 참사에 대한 열정을 보이기도 하는데, 보백당의 불천위 제사에는 많이 모일 때는 300명에 가까운 후손들이 모이기도 했었다고 한다. 지금은 많이 줄어들었지만. 후손들은 이 불천위 제사를 통해 자신들의 존재적 근원을 재확인하고 정체성을 확립하며, 동시에 서로 동질감을 느끼면서 공동체적 삶을 되돌아보는 기회로 삼는다.

　　불천위 제사는 기제사의 특수한 형태라고 할 수 있다. 4대 봉사의 원칙에서 4대가 지나면 그 윗대의 신주를 옮겨 땅에 묻게 되는데, 불천위不遷位는 말 그대로 4대가 지나도 신주를 옮기지 않고 대대손손 세대를 초월하여 제사를 받드는 것이다. 그래서 불천위 조상을 모시는 종가는 그에 대한 자부심과 책임감이 더욱

강하다. 더욱이 보백당은 나라에서 인정한 '국불천위'이다. 그의 사후 392년이 되는 1909년(융희 3)에 대한제국 궁내부에서 부조지전不祧之典의 칙명을 내린 것이다. 불천위 제사 교지가 내려지기까지 제법 긴 시간 동안 후손들과 향내 유림들의 다각적인 노력이 있었다. 이야기한 바 있지만 이에 앞선 두 번의 증직과 시호 하사 과정에 지역을 대표하는 학자와 유생들이 적극적으로 가담하였기 때문이다. 이미 유림의 공의를 얻고 있는 상태에서 '국불천위'가 되었으니 보백당의 불천위 제사는 종가에 있어 더없는 영광이 되었다. 그리고 이로 인해 종손들은 더욱 투철한 사명감을 갖고 의례를 거행하게 되었다.

보백당의 불천위 제사는 기일인 음력 12월 17일에 종택 내 제청(보백당)에서 지낸다. 비위 2위와 합설하여 지내며, 비위의 기일에는 따로 지내지 않는다고 한다. 원래는 기일 첫 새벽에 지냈는데, 멀리에서 참석하는 제관들의 편의를 위해 2000년쯤부터 제사 시간을 오후 8시로 변경하여 지내고 있다. 현재 봉사손은 19대손 주현冑顯이다. 불천위 제사의 절차와 과정을 간략히 살펴본다.

1) 집사분정

불천위 제사에 참사하기 위해 종택에 도착하는 제관들은 오는 순서대로 이름과 연령, 거주지 등의 인적사항을 기록하여 '시

집사분정표

도록時到錄'을 작성한다. 그리고 이 시도록을 참조하여 절차에 따라 각각의 소임에 맞는 적임자를 선정하여 분정표를 작성한다. 초헌관은 종손이, 아헌관은 주부가, 종헌관은 보통 항렬과 연령이 높은 후손이 맡는다.

2) 제청 준비와 진설

집사분정이 끝나면 제청을 정리하여 본격적으로 제사 준비를 시작한다. 먼저 제청의 방문을 들어 올려 개방하고 방에다 병풍과 제상을 설치한다. 저녁 8시경 제사 시간이 되면 찬자贊者는 '主人以下盛服盥手設蔬果盤盞'이라고 홀기를 읽는다. 찬자는 제사 의식의 순서를 적은 홀기笏記를 읽어 제사를 진행하는 역할을 한다. 이 홀기를 읽으면 진설陳設을 담당하는 집사들은 안채에 준비된 제수를 제청으로 날라 차례로 정렬해 놓고 제상에 진설을

진설하는 모습

시작한다. 맨 앞줄의 왼쪽 끝에는 대추와 밤을, 오른쪽 끝에는 배와 감을 벌려 놓고 그 사이에 다른 과일과 조과를 차례대로 배열한다. 그 뒷줄에는 왼쪽에 포를, 오른쪽에 식혜를 벌려 놓고 그 사이에 탕, 자반, 도적, 어육 등을 놓는다. 편은 그 틀이 크고 무거워 제상의 오른쪽 아래에 소반을 놓고 따로 차려 놓는다. 그리고 각 신위 앞에 시저와 잔을 놓으면 진설이 끝난다.

3) 출주

출주出主는 진설이 끝나면 사당으로 가서 조상의 신주를 모셔 오는 의식이다. 주인(종손)이 축관祝官과 봉독奉櫝 집사 3인과 함께 사당으로 가서 사당 외삼문의 동문으로 들어가 사당 앞에서 두 번 절하고 안으로 들어가 의식을 거행한다. 제상에 촛대를 올려놓고 감실의 문을 여는데, 감실 안에는 작은 대문 모양의 주독主櫝이 있고 그 안에 신주가 모셔져 있다. 주인이 분향 후 축관이 출주고사를 읽고 나면 주독을 열고 3위의 신주를 내어 별도로 준비한 공독空櫝에 각각 옮긴다. 봉독 집사들이 두 손으로 감싸 안고 제청으로 돌아와 마련해 둔 교위에 정중하게 모신다. 보백당의 신주에는 '顯先祖考通政大夫弘文館副提學知製敎兼經筵參贊官春秋館修撰官贈資憲大夫吏曹判書兼知經筵義禁府事春秋館事弘文館大提學藝文館大提學知成均館事五衛都摠府都摠管諡定獻公府君神主'라 되어 있고, 이천서씨 부인의 신주에는 '顯先祖妣贈貞夫人利川徐氏神主'라 되어 있으며, 의령남씨 부인의 신주에는 '顯先祖妣贈貞夫人宜寧南氏神主'라 되어 있다.

4) 참신 · 강신 · 진찬

'참신參神'은 조상을 맞이하는 의식으로 모셔 온 신주에 대

사당 외삼문

출주고사를 읽는 모습

3위를 모시고 나오는 모습

해 처음 인사를 드리는 것이다. 참사자 모두 함께 보백당과 비위 2위의 신주에 두 번 절한다. 신주에는 조상의 영靈이 깃들어 있다고 생각하기 때문에, 신주를 모시고 제사를 지내면 조상이 좌정하고 있다고 간주하여 곧장 인사를 드리는 참신을 먼저 한다. 그러나 신주 대신 지방紙榜으로 제사를 지내면 그것은 평소 조상의 영이 깃든 것이 아니라 임시로 종이를 재단하여 신위를 쓴 것이므로 강신降神을 먼저 하고 참신을 한다.

참신 후 신을 내리게 하기 위해 '강신례'를 행한다. 향을 피우고 술을 따라 모사茅沙에 붓고 두 번 절하는 의식이다. 향을 피워 하늘의 혼魂을 부르고, 술을 부어 지하의 백魄을 인도해 혼백을 결합시키는 상징적 의례이다.

강신이 끝나면 보백당의 혼백이 완전히 강림하였다고 여겨 더운 음식을 올리는 '진찬進饌'을 행한다. 각각의 신위 앞 술잔 좌우에 메와 갱을 반서갱동으로 진설한다.

5) 헌작

헌작은 신위에 술잔을 올리는 의식으로, 초헌初獻·아헌亞獻·종헌終獻의 순서로 진행된다. '초헌'은 신위에 첫 번째 술잔을 올리는 의식으로, 이 제사를 주관하는 주인 즉 종손이 맡는다. 주인이 향안전에 나아가 꿇어앉으면 왼쪽의 집사가 보백당 신위 앞의 잔을 내려 초헌관에게 주고 오른쪽의 집사가 술을 따른다. 초헌관이 잔을 향로 위로 들어 올렸다가 왼쪽의 집사에게 주면 집사는 보백당의 신위 앞에 올린다. 비위妣位 2위에도 동일한 순서로 술잔을 올린다. 석 잔의 헌작이 끝나면 집사들은 메 뚜껑을 연다. 그리고 축관이 축문을 들고 초헌관의 왼쪽에 동향하여 꿇어앉아 축문을 낭독한다. 이때 참사자들은 모두 부복한다. 축문 낭독이 끝나면 초헌관은 일어나 두 번 절하고 제자리로 돌아가며, 집사들은 각 신위 앞의 술잔을 내려 퇴주기에 비우고 다시 제자리에 올려놓는다. '아헌'은 신위에 두 번째 술잔을 올리는 의식으로, 주부主婦가 맡는다. 가례류의 예서에서 대부분 '부부가 함께 제사 지낸다'(夫婦共祭)는 원칙을 적시하고 있지만, 집안마다 차이가 있어 보통 종손의 형제들이나 근친이 맡기도 한다. 초헌과 같은 순서로 진행되며 축문 낭독은 없다. '종헌'은 신위에 세 번째 즉 마지막 술잔을 올리는 의식이다. 역시 초헌과 같은 순서로 진행된다. 종헌 때에는 술잔을 완전히 비우지 않고 퇴주기에 세 번에 나누어 조금씩 비운 다음(祭之茅上) 신위 앞에 다시 올려놓는다.

6) 유식 · 합문 · 계문 · 진다

'유식侑食'은 신위에 음식을 권하는 의식이다. 종헌 때 비우

유식 때 제관들의 부복 모습

지 않고 올린 술잔에 술을 가득 채우는 첨작添酌을 하고, 숟가락을 메 중앙에 꽂고 젓가락을 시접 위에 가지런히 놓는 삽시정저插匙正箸를 하는데 초헌관이 중심이 되어 거행한다. 첨작과 삽시정저 후에 초헌관은 두 번 절하고 제자리로 돌아간다. '합문闔門'은 조상의 영이 조용히 식사하도록 문을 닫는 의식이다. 방문을 닫고 제관들은 모두 대청마루에 나와 부복한다. 잠시 후 축관이 일어나 세 번 기침을 하면 모두 일어나 다시 문을 열어 '계문啓門' 한다. 그리고 국그릇을 내리고 숭늉을 올리는 '진다進茶'를 행한 후 제관들은 잠시 허리를 굽혀 조용히 묵념한다. 이어서 고이성告利成을 하는데, 축관이 동쪽을 향하고 초헌관이 서쪽을 향해 마주 서면 축관이 읍을 하며 초헌관에게 흠향의 예를 다 마쳤다는 의미로 '이성'이라고 한다. 이렇게 해서 제사가 끝나면 메 뚜껑을 닫고 수저를 내려 정돈한다.

7) 사신

'사신辭神'은 제사가 끝나 조상과 작별하는 의식이다. 마지막으로 두 번 절하고 신주가 모셔진 주독을 닫은 후 축관은 축문을 불태운다. 초헌관은 신주를 받들어 다시 사당으로 모신다. '납주納主'는 출주의 역순으로 거행한다. 납주와 출주 때 사당 출입은 외문이나 묘우 모두 중문으로 출입한다. 집사자는 제상의 제수를 안채로 옮겨 음복을 준비한다.

2. 제사 음식, 격식보다 정성으로

　　제사 음식은 종가의 지리적 환경 및 지역적 특성에 따라 기본적 차이가 있을 수 있고, 종가의 개별적 전승에 따라 독자성을 보이기도 한다. 더불어 시대에 따른 사회 문화적인 변동으로 인해 부득이한 변화가 개입되기도 한다. 이러한 변화는 집에서 모든 음식을 손수 장만하던 때가 있었지만 지금은 여러 가지 여건을 고려하여 일부 음식은 구입해서 올리는 합리적 선택을 따르는 모습에서 가장 잘 나타난다. 더불어 점차적으로 풍부해진 식생활 환경과 교통의 발달에 따라 공급이 용이해진 식재료 상황은 알게 모르게 제사 음식에 투영되어 그때그때의 일시적 변화를 형성하기도 했을 것이다. 더구나 한 집안에서도 시절에 따라 올리는 음식이 달라지기도 한다. 때문에 규범화 정형화된 제사 음식을 설명하는 것은 애초부터 곤란하다. 사실 중요한 것은 외형보다 마음을 다하여 조상을 섬기는 정성일 것이다. 형식도 결국은 정성을 담는 그릇이기 때문이다. '가가례'란 말도 있듯이 종가마다 제사 방식과 음식에 여러 가지 차별성이 있지만, 정서적으로 그들은 『주자가례』의 큰 줄기를 벗어나지 않는 범위에서 같은 의례 관념을 가진다. 그 접점에 효의식에 근원한 공경심과 정성이 흐르고 있다.

보백당종가의 제사 음식에서 특징적인 것은 음식 자체라기보다 그것에 투영된 보백당 선조의 유훈이라 할 것이다. 불천위 제사에서 중요하게 다루거나 특별하게 하는 음식이 있느냐는 물음에 차종부의 대답은 매우 신선했다. 결혼 직후에 제사 상차림을 보니까 다른 집과 달리 의외로 간단해서 다소 놀라웠다는 것이다. 그런데 그 소박한 상차림에 대해 자신이 경험하면서 나름의 이유를 스스로 깨달았다고 했다. 보백당 선조의 청백정신이 담긴 것 같다고, 그의 유훈을 후손들이 실천해서이지 않겠느냐고.

이 종가의 대표적인 가전 음식으로는 메국수를 말할 수 있다. 메국수는 국수를 삶아서 참기름, 간장, 깨소금과 무쳐 나물 한 그릇 담듯이 담는 것이다. 얼마 전까지만 해도 이 면을 직접 만들어 썼다고 한다. 만드는 방법은 다음과 같다. 밀가루 70%, 콩가루 30%에 참기름이나 식용유 1순가락과 물을 넣고 반죽한다. 그리고 밀가루를 뿌려 가면서 홍두깨로 밀어 국숫발을 만든다. 그러나 18대 종부가 사망하고 나서부터는 면을 구입해서 사용하고 있다. 이 음식은 '메국수 나물비빔밥'이라는 명칭으로 매스컴에 소개되기도 하여 더욱 유명세를 타게 되었다. 메국수 나물비빔밥은 제사가 다 끝나고 음복할 때 제사상에 올렸던 5가지 나물을 밥 위에 얹고 그 위에 고명처럼 메국수를 올려서 함께 비벼 먹는 것이다. 자극적인 맛에 길들여진 현대인에게 이 음식은 밋밋하기 짝이 없을지도 모른다. 그럼에도 불구하고 역사를 연구하는 이들이나 문화재를 복원하려는 사람들이 보백당의 불천위 제사를 방문하고 이 음식을 맛보게 되면 한결같이 맛있다고 한다. 어떤 이는 집에 가서 그 맛을 재현해 보려 해도 그게 잘 안 된다고 말한단다. 사실 재료도 만드는 방법도 매우 평범해 보이는데, 왜 특별한 맛일까? 어쩌면 그것은 불천위 제사의 풍경 속에서 어우러지는 독특한 맛일지도 모른다. 단순한 미각의 판단을 벗어난 정신적인 맛. 소박하고 정갈한 제사의 모습에 대한 느낌과 함께하기 때문에.

 또한 이 집에는 제사에 전을 올리지 않는다. 안동에는 이렇게 전을 올리지 않는 종가가 여러 군데 있다고 한다. 전을 부치지 않는 이유에 대한 설명이 꽤 합리적으로 느껴졌다. 봉제사 접빈객이 워낙 일상이다 보니 손이 많이 가는 전이 없는 것 같단다. 왜곡된 인식 때문에 제사 문화가 허례허식으로 부각되는 경우가 종종 있지만 우리네 조상들은 사실 지혜롭게 그 전통을 계승해 왔다. 여건이 허락하는 범위 내에서 세태의 변화를 수용할 줄 알며 격식만 중시하는 고집을 경계하였던 것이다. 현재에 이르러서도 이러한 지혜는 여지없이 발휘되고 있다. 예컨대 제사를 지낼 때 올리는 유과, 약과, 편 등 시간과 노력이 많이 드는 것이나 더 이상 집에서 직접 만들기 어려운 음식에 대해서는 구입해서 사용하며 시대의 흐름을 따라가고 있기 때문이다.

　소박하고 단출하기만 한 것 같지만 제사 음식에는 보백당 선조를 향한 예경이 끝없이 흐르고 있음도 볼 수 있다. 차종손이 "불천위 제사는 다른 제사하고는 다르게 대추, 밤 이런 것들을 이렇게 쌓는 거 켜켜이 쌓는 거 뭐, 그런 공을 정성을 많이 들이지요"라고 한 말에서 잘 드러난다. 조과로 쓰는 대추·밤·땅콩·호두·곶감은 켜켜이 쌓아서 올리는데 이것은 보통 남성들이 담당한다. 대추는 설탕시럽에 조려서 깨를 뿌린 후 13켜로 쌓는다. 1켜가 완성되면 제기 크기에 맞춰 오린 종이를 놓는 방식으로 한 켜씩 한 켜씩 올린다. 설탕시럽에 조린 것이라 잘 무너지지 않는다. 밤은 속껍질까지 벗기고 물에 담갔다가 6켜로 쌓는다. 물에 담갔다가 꺼냈기 때문에 그냥 쌓아도 잘 떨어지지 않는다. 땅콩은 속껍질을 벗겨서 13켜로 쌓는다. 쌓으면서 속껍질을 까지 않은 땅콩을 사용하여 '표' 자를 만들어 장식한다. 호두는 겉껍질을 벗기고 반으로 가른 것을 쓰는데, 역시 13켜로 쌓는다.

밤, 땅콩, 호두 모두 대추와 마찬가지로 1켜가 완성되면 제기 크기에 맞춰 오린 종이를 놓는 방식으로 쌓아 올린다. 땅콩과 호두를 괼 때는 무너지기 쉽기 때문에 밀가루를 물에 개어서 발라 가며 고정시킨다. 이렇게 정성을 들여 쌓는 과정에서 선조에 대한 사모의 정을 간절히 하고 그의 유훈을 마음에 새기게 된다.

불천위를 모시는 그 자체가 종가의 영광이자 권위의 상징이기에 제사 음식에서도

제사 상차림

과시 현상이 나타나기 마련일텐데, 오히려 보다 현실적이다. 상제喪祭에는 오직 정성과 경건함이 있을 뿐 사치와 낭비에 힘쓰지 말라던 보백당의 유훈이 귓가에 울리는 듯하다.

제6장 보백당종가의 미래를 그리며

1. 종손과의 대화,
종가문화의 미래를 엿보다

　　종가를 어떻게 지킬 것인가? 이것은 종손의 피할 수 없는 운명이다. 그러나 시간이 흐르면서 그 방식과 모습은 조금씩 변하고 있다. 자라는 환경이 달라지고 배우는 학문이 달라지면서 그에 따른 가치관도, 대처하는 자세도 변모할 수밖에 없기 때문이다. 지금 시대의 종가는 전통과 근대의 충돌을 극복하고 현대와 공존하는 공간이다. 이 세월을 살고 있는 종손들은 어떤 생각으로 종가의 문화를 유지해 왔으며 또 어떤 미래를 꿈꾸고 있을까?

　　19대 종손 김주현(현재 83세)은 종가가 가장 많은 변화를 맞이한 때를 지나왔다. 그는 경북도교육감을 지내며 늦게까지 공직에 있었는데, 보백당의 종손으로서 청백정신을 실천하는 삶을 살기 위해 스스로를 늘 채찍질해 왔다. 그 속에서 오랜 노력 끝에 종가의 숙원이었던 서원 복원을 이룩하기도 했다. 20대 종손 김정기金定基는 부모님 대에서 서원복원이 이루어진 것에 대해 다음과 같이 바라보고 있었다.

> 묵계서원이 대원군 때 서원철폐령으로 강당 건물만 남겨 두고 다 훼철되고 없었어요. 근데 그 뒤에 서원복설령을 나라에서 받기는 했는데, 서원을 복설하는 공사가 너무 커서 실제로 우리 집에서 감당해 내지 못한 채 역사가 흘러오고 있었죠. 그것을 우리 아버지 어머니 대에서 복원사업을 완공하신 거죠. 두 분이. 그때 서원 복원 고유 행사시에 참석했던 손님들이 2천 명이었어요. 그러니까 그때 손님들한테 점심도 제대로 대접을 못했어요. 그날, 우리는 8백 명 정도를 예상을 하고 점심을 준비했었는데, 그렇게 그래서 완전히 대란이었었어요. 그러다 보니 정말 그 어쩔 줄 몰라 하는 그런 행사가 됐는데, 어쨌든 그렇게 많은 사람들의 관심을 받은 그런 큰 행사였던 거죠. 이런 큰 사업을 아버지 어머니 두 분은 너끈하게 다 감당해서 처리해 내신 실천력의 소유자세요.

복원 고유 행사의 날 노종손 김주현의 심정은 어떠했을까? 강당만 덩그러니 남은 서원 터를 보고 자라면서 품었던 숙원이었다. 종손으로서의 사명이라 생각했고, 그것을 이루기 위해 성심과 물력을 아끼지 않았던 것이 마침내 결실을 맺는 순간이었다. 묵계서원 복원과 관련한 기록을 보면, 1998년 서원 복원을 마치고 인근의 도산서원陶山書院·임천서원臨川書院·화천서원花川書院·역동서원易東書院 등에「묵계서원복향통문默溪書院復享通文」을 돌리고 이에 대한 답통문을 받아 유림의 공의를 얻었음을 알 수 있는데, 이때 한학자 진와進窩 이헌주李憲柱가「묵계서원복원기」를 써서 그 경과를 기록하였다. 한문학자 연민淵民 이가원李家源이 쓴「묵계서원중건기」는 복원 완공이 이루어지기 2년 전에 복원을 계획하고 중건에 착수했을 때 쓰인 것이다. 이 모든 과정의 핵심에 종손이 있었다. 그는 복원사업을 적극적으로 추진하면서 통문을 돌리고 두 한학자에게 기념글을 요청하는 등 복원과 함께 의식도 갖추었다. 이러한 관련 기록들에 그의 오랜 노력이 직간접적으로 언급되어 있어 종손으로서의 그의 삶을 어느 정도 그려 볼 수 있다. 19대 종손 대만 해도 전통과 근대가 이어지는 세대이다. 그렇게 나고 자라서 종손으로서의 자부심과 책임감이 뼛속 깊이 흐르는 세대, 그래서 종가의 위상을 드높이는 데 희생과 봉사를 마다하지 않을 수 있었던 것이다. 노종손의 마지막 꿈은 공직생활을 마치고 묵계의 종택에 완전히 정착하는 것이었다. 보백당 선조가 그랬던 것처럼. 그러나 안타깝게도 공직에서 퇴임하고 얼마 안 있어 병환으로 큰 고비를 넘기다 보니 그 꿈을 실현

하지 못했다. 여전히 거동이 원만하지 못하지만 그럼에도 불천위 제사나 중대행사에는 종손으로서의 역할을 수행하며 문중의 구심점으로 존재하고 있다.

차종손에게서는 불천위 종가 종손으로서의 문화적 자존심이 은근히 배어 나온다. 그것은 그의 삶을 지탱하는 기반이자 막중한 책임감을 느끼게 하는 원동력이다. 종가를 지키는 노종손의 열정으로 인해 종손으로서의 위치를 늘 자각하며 자라 온 그이기에, 일찍부터 스스로의 삶을 제어해 왔다. 어린 시절에는 호기심과 반발심으로 다른 삶을 꿈꾼 적도 있었지만, 노종손의 말 없는 가르침에 따라 종손의 의무를 성실히 이행하고자 애써 왔다. 그럼에도 부족하고 부끄럽다고 했다. 그것은 노종손이 계심으로 해서 아직은 직접적인 부담과 책임을 지지 않고 있다는 생각 때문이었다. 또 그 밑바탕에는 조상님이 물려주신 문화유산을 살면서 돌보고 가꾸어야 하는데, 그렇게 하지 못한다는 자책감도 묻어난다. 어쩔 수 없는 세월의 변화다. 밖으로 진출해 가정을 꾸리고 살다 보니 종택을 보존하며 그곳에서 제사를 받드는 것이 쉽지 않은 시대가 되어 버렸다. 정신적 가치관도 물리적 환경도 급격히 변화하는 시대에 사는지라 노종손과 같은 열정을 품기에는 여건도 허락하지 않을 뿐더러 스스로 감당하기도 벅차다. 그래도 종가문화를 보존하기 위해 자신이 할 수 있는 방법을 찾고 실천하기에 여념이 없다. 그는 노종손의 부름이 곧 종가의 부름이라며 그러한 상황이면 자신의 모든 사생활을 버리고 곧장 달려가 자신이 해야 할 일을 하는 것, 그리고 필요할 때마다 종택에 들어가 집을 가꾸고 돌보는 것, 그것이 그가 마음에 품고 있는 일차적인 종손의 역할이라고 했다. 더불어 종손은 특별히 혼신의 힘을 다해서 지키고 노력봉사를 해야 되는 그런 부분이 있는데, 그 중심이 되는 부분이 곧 불천위 제사라고 했다. 조상의 신위를 모신 사당에 제사를 지낼 때 제사장으로서 지손들을 결집해 낼 수 있는 에너지를 가질 수 있는 존재가 종손이라 생각하고 있었다. 그는 변화한 현실을 몸으로 부딪치며 나름대로 종손의 역할에 부응하기 위해 많은 고민을 하고 또 노력하고 있었다.

　차종손은 멀리서 종택 관리에 집중하지 못하는 것이 늘 마음에 걸렸다. 그런데 요즘은 경북미래문화재단에서 종택과 서원 관리에 많은 도움을 준다고 했다. 경북미래문화재단은 문화유산을 위탁 관리하며, 서원·재사·종택 등 문화유산의 각 특성과 품격을 살리면서 다양한 프로그램을 기획 운영하는 단체이다. 이러한 단체의 활동은 종가문화가 유지되는 데 꽤 큰 기여를 할 것으로 보인다. 불천위 제사를 참관하고 돕는 것은 물론이며 묵계서원을 활용하여 숙박 및 다양한 전통문화 체험 프로그램과 공연을 운영하는데, 그 호응이 적지 않다.

　종가를 어떻게 유지할 것인가가 종손의 사명이라는 것은 뒤집어 말하면 종손이 있었기 때문에 지금까지 종가가 유지되어 왔다는 말이다. 종가문화의 유지에 가장 근본적인 힘은 결국 종손의 존재다. 이제 종가의 미래를 생각해 보지 않을 수 없다. 오늘날 혈연주의의 약화와 개인주의의 강화는 젊은이들에게 가문의 전통 아래 종손에게 요구되는 의무와 역할을 강요할 수 없는 현실로 만들었다. 이것은 종가의 위기로 이어질 수 있다. 보백당종가도 예외는 아니다. 지금의 차종손은 바로 그 고비에서 연결고리가 된다. 그는 미래의 종손에 대해 별다른 교육과 당부를 하지 않는 듯했다. 다만 자신이 노종손의 뜻을 받들고 따르며 종손의 책임을 다하고자 하는 모습을 보여 주는 것, 그러한 가풍에서 자라는 자체가 종손으로서의 정체성을 확립하는 기본이라고 생각했다. 차종부는 아들이 어릴 때부터 보고 자란 것이 있기에 특히 불천위 제사 때면 으레 자신의 할 일을 찾아서 하는 것이 이제는 자연스러운 일이라고 했다. 환경이 유전자를 지배한다고 했던가. 종손의 유전자가 따로 있겠냐만은 어쩌면 세대를 이어 오며 종가문화를 계승하는 사이에 형성된 정신적 문화적 DNA가 종손을 만드는 것은 아닐지.

차종손, 차종부 대까지만 해도 편의주의로 흐르는 급격한 변화가 편하지 않은 세대다. 종가문화를 대표적으로 상징하는 것이 곧 제사고 그중에서도 불천위 제사는 종손을 존재하게 하는 근본적 명분인데, 이러한 제례문화를 지키고 보존하는 데에는 종부의 역할도 매우 중요하다. 결혼 후 노종부의 삶을 어깨너머로 보고 배우며 종부의 책임과 의무를 익혀 온 차종부는 변화에 대해 다음과 같이 말했다.

> 저희 집은 아직 그 사대 봉제사를 모시고 있거든요. 근데 어떤 집은 그걸 이대 봉제사로 줄이는 집도 있고 또 조금 깨인 분들은, 깨였다고 표현을 해야 될지는 모르겠지만, 이제 자식 세대 때는 이게 더 힘들지 않겠느냐면서, 심지어 그렇게 하는 분은 안 계시지 싶은데, 일 년에 한 번으로 몰아야 된다 이렇게까지 말하시거든요. 근데 이게 자연스럽게 집집마다 내려가면서 조금씩 변화는 있겠죠, 그죠? 시대 흐름에 따라서. 근데 큰 중심추는 저는 안 변했으면 좋겠어요. 너무 편리주의로 흐르는 건, 너무 그렇게 되는 건, 저는 사실 좀 반댄데.

언젠가 신문에서 퇴계의 17대 종손이 인터뷰한 기사를 본 적이 있다. 그는 종가의 무게, 종손으로서의 압박감 때문에 힘든 시간을 보낸 적이 있다고, 답답하고 갑갑한 종손으로서의 생활이 자신 없었다고 했다. 그러나 벗어나지 못했고 그래서 숙명으로 받아들였다고 했다. 어차피 할 종손이면 적극적으로 하자고 다짐하면서 그가 스스로 내린 결론이 있었다. 제사를 간소화하는 등 시대에 맞는 예禮를 다시 창조해야 한다는 것. 어쩌면 이것은 미래의 종손들이 직면하게 될 고민과 과제이며, 그들이 만들어 갈

종가문화의 지향점일지도 모르겠다. 퇴계 종손은 마지막으로 이렇게 말했다. "형식보다는 조상님을 살아계시는 듯 모시는 마음이 중요합니다. 봉제사 접빈객은 2차적인 것이지요. 의무감에 억지로 지내는 제사를 조상님이 기쁘게 받아 줄 리 없어요. 피하고 싶은 제사가 아니라 참여하고 싶은 제사가 되어야 합니다"라고. 젊은 종손이 공부와 고민을 통해 정립한 철학일 것이다. 그의 말대로 시대에 맞는 예를 다시 창조하다 보면 종가문화의 형식적 전통은 조금씩 퇴색할지도 모른다. 그러나 그 과정에서도 여전히 종손이 건재하다면, 더욱이 시대의 변화와 함께 호흡하려는 의지를 가진 종손이라면 형식은 퇴색될지언정 우리가 지키려는 정신문화 전통의 유산은 아마도 변함없이 계승될 수 있을 것이다.

옆에서 본 묵계서원 풍경

묵계서원 강당(입교당) 앞에서 펼쳐진
'서원한자별시' 체험 프로그램

묵계서원 강당(입교당)

묵계서원 읍청루에서 펼쳐진 국악공연

2. 보백당의 청백정신
　　이어받고 물려주고

　　청백리의 표상 보백당은 임종 직전에 다음과 같은 유훈을 남겼다.

　　'청백淸白을 가전家傳하고 공근恭謹을 세수世守하며 효우孝友로 돈목敦睦하라'는 선대의 가르침을 더욱 소중히 여겨, 너희들은 하나하나 준수하여라. 교만 방자하거나 경박한 행실로 가문의 명예를 실추시키지 말고, 상제喪祭는 오직 정성과 경건으로 하여 낭비와 사치에 힘쓰지 말 것이다. 또한 나는 오랫동안 경연經筵에 있었으나 임금을 보필하여 바로잡지도 시폐時弊를 구제하지도 못하여 살면서 세상에 도움이 되지 못했으니,

죽음에 마땅히 검소하게 장사 지내어라. 성명만 써서 무덤만 표시하고, 절대로 헛된 말로 지나치게 찬미하는 비문을 남에게 청하지 말아라. 잘한 일도 없는데 잘했다는 명예를 얻는 것은 나로서는 매우 부끄러운 바이다.

이 때문일까? 이 종가의 후손들은 보백당의 묘비문 하나 짓지 않고 200년을 넘게 지내오다 이때에 이르러서야 겨우 이광정으로부터 그의 묘갈명을 받을 수 있었다. 또 상제에 낭비와 사치를 일삼지 말라는 유훈에 그의 제사 음식을 소박하고 간소하게 차리며 그것을 따르려 노력해 왔다. 단편적 사례를 들었을 뿐이지만, 여하튼 지난 역사에서 후손들은 다각적으로 그의 청백정신을 계승해 왔다. 1993년에는 노종손 김주현이 주축이 되어 '보백당 장학문화재단'을 설립하였는데, 이 역시 청백정신 계승의 연장선상에 있다.

장학문화재단은 종손과

보백당 장학문화재단 장학증서수여식 모습

후손들의 성금으로 모은 2억 5천만 원을 기금으로 삼아 매년 안동시 관내 청렴하고 우수한 공무원과 생활이 어렵고 성적이 우수한 학생을 선발하여 장학금을 수여해 오고 있다. 노종손은 장학재단의 설립 취지문을 쓰면서 보백당 선생이 보여 준 공직생활에서의 충절과 청렴정신을 계승 창달하려는 의지를 분명히 했다.

> '오가무보물 보물유청백'·'가전청백 세수공근 효우돈목' 등 선생의 자손들에게 가르치심은 비단 한 가정의 가훈을 벗어나 만세萬歲 공인公人들의 귀감이요, 사회와 가정의 도덕과 규범을 가르치심이며, 선비 정신의 표상이시기도 하다. 그러나 애석하게도 산업사회의 물결 속에 고유의 규범과 미풍양속은 사라져 가고, 숭고해야 할 선생의 유훈은 차츰 뒤안길로 가고 있어 이에 향문鄕門의 뜻있는 이들과 후예들의 정성을 모아 선생의 빛나는 정신을 영겁토록 계승하고 창달시키기 위하여 보백당장학문화재단을 설립코자 한다.

장학문화재단의 설립은 안으로 받들어 오던 보백당의 유훈을 밖으로 확대했다는 차원에서 의미가 깊다. 종가 안에서 후손들끼리 추모하며 계승하고자 노력하는 데 그치지 않고, 범위를 넓혀 보다 많은 사람들이 그의 유훈을 깨닫고 본받을 수 있도록 토대를 다진 것이다. 청렴공무원을 선발하여 장학금을 전달하는 것은 공직자들이 청렴해질 수 있도록 자극하고 독려하는 동시에 청백리 보백당의 모습을 되살리는 의미가 있다. 또 어려운 형편의 우수한 학생이 학업을 지속할 수 있도록 도와줌으로써 지역장학사업에 활력을 불어넣을 수 있고, 역시 후학 양성에 힘을 쏟았던 보백당의 정신을 계승하는 기회로도 삼을 수 있다.

보백당종가의 이러한 사업은 종가로서의 자부심을 바탕으로 전통적으로 계승해 온 정신문화유산을 사회에 환원하려는, 나름의 사회적 책임을 실천한다는 측면에서 의의가 깊다. 말하자면 종택이나 제사와 같은 유형의 문화유산을 지키는 것과 더불어 그에 깃든 정신적 전통을 함께 공유하려는 의지의 반영이라 할 것이다.

참고문헌

權秉燮, 『石塢集』.
金係行, 『寶白堂先生實記』.
金光壽, 『龜陰集』.
金常壽, 『芝廬集』.
金養根, 『東埜集』.
金中淸, 『苟全集』.
柳道源, 『蘆厓集』.
柳淵楫, 『汎庵集』.

『安東金氏大同譜』.

경북대학교 영남문화연구원, 『경북의 종가문화』, 2009.
국립문화재연구소 편, 『종가의 제례와 음식(10)』, 월인, 2006.
보백당 장학문화재단, 『묵계서원복원·보백당선생약전』, 1998.
안동민속박물관, 『安東의 契』, 2006.
한국국학진흥원, 『赴京別章』, 2004.
한국국학진흥원 교육연수실 편, 『전통의 맥을 잇는 종가문화』, 2008.

김미영, 「불천위 추대 기준에 대한 제도적·담론적 고찰」, 『국학연구』 17, 한국국학진흥원, 2010.